大跨径钢桁拱桥施工测控技术

毛伟琦 著

人民交通出版社
北京

内 容 提 要

本书共分8章：第1章介绍了大跨径钢桁拱桥施工测控技术的发展情况；第2章介绍了高精度控制测量技术；第3章介绍了深水围堰施工测控技术；第4章介绍了缆索起重机系统中塔架、锚碇及缆索施工测控技术；第5章介绍了桁架拱肋拼装的测量与控制；第6章介绍了全球导航卫星系统（GNSS）连续监测技术在钢桁拱桥施工中的应用；第7章介绍了3D打印技术在钢桁拱桥施工中的应用；第8章是对本书的总结和对未来的展望。

本书可供从事桥梁工程相关研究、设计、施工和管理工作的工程技术人员参考。

图书在版编目（CIP）数据

大跨径钢桁拱桥施工测控技术 / 毛伟琦著. — 北京：人民交通出版社股份有限公司, 2024.8.—ISBN 978-7-114-19667-6

Ⅰ.U448.43

中国国家版本馆CIP数据核字第2024F0S629号

Dakuajing Gangheng Gongqiao Shigong Cekong Jishu
书　　名：大跨径钢桁拱桥施工测控技术
著　作　者：毛伟琦
责任编辑：齐黄柏盈
责任校对：赵媛媛　龙　雪
责任印制：刘高彤
出版发行：人民交通出版社
地　　址：(100011) 北京市朝阳区安定门外外馆斜街3号
网　　址：http://www.ccpcl.com.cn
销售电话：(010) 85285857
总 经 销：人民交通出版社发行部
经　　销：各地新华书店
印　　刷：北京市密东印刷有限公司
开　　本：710×1000　1/16
印　　张：10.75
字　　数：152千
版　　次：2024年8月　第1版
印　　次：2024年8月　第1次印刷
书　　号：ISBN 978-7-114-19667-6
定　　价：68.00元

(有印刷、装订质量问题的图书，由本社负责调换)

编委会

总 顾 问：张 敏
主任委员：毛伟琦
副主任委员：周功建　潘东发　祝良红　李施展　窦雪飞
　　　　　　韩国卿　蒋思君　杜　操　曹明明　蒋本俊
　　　　　　陈开桥　刘生奇　陈志鹏　王　靓
编委委员：任辉军　张　雄　柯卫兵　桂　朋　王　敏
　　　　　李晓明　吴世军　谭　淼　祝阶飞　张友光
　　　　　方　俊　程忠赫　王海波　郑大运　伍　杰
　　　　　郭　焕　陈　杰　周荣贵　汤长远　刘　旭
　　　　　刘大钢　武俊杰　马　攀　李晓琪　敬成进
　　　　　朱　烜　肖肖阳　陈　刚　文　杰　樊志飞
　　　　　刘立云　程建华　廖晓萍　胡嘉宾　汪志祥
　　　　　赵　毅　蔡子龙　王文洋　余　磊　刘　博
　　　　　郭　航　许丙林　魏帆帆　周凌杰　白雪明
　　　　　习建安　汤善元　李涵宁　余　昆　王晓智
　　　　　赵　荣　张彦武　徐胜泉　徐钰鑫　钟呈云
　　　　　王金卫　栗　亮　王光富　吴　桐　吴　聪
　　　　　汤　伟　刘　孩　张泽鸿　段绪龙　余正中
　　　　　瞿小荃　王同民　许　鑫　李勇波　朱方一
　　　　　苏子豪　刘道顺　柳亚龙　汤　黎　赵秀天
　　　　　柯浣浣
编写单位：中铁大桥局集团有限公司
　　　　　中铁大桥局第七工程有限公司

前言

"驾石飞梁尽一虹,苍龙惊蛰背磨空。坦途箭直千人过,驿使驰驱万国通。云吐月轮高拱北,雨添春色去朝东。休夸世俗遗仙迹,自古神丁役此工。"早在宋代,诗人杜德源就在《安济桥》一诗中描写了拱桥的美与功。拱桥在桥梁发展史上占有重要地位,并因形态美、造价低、承载力大而得到广泛应用。

随着科学技术的不断发展,拱桥结构形式日渐丰富,跨径逐渐增大,表现力也开始呈现个性化特色。其中,大跨径钢桁拱桥以跨越能力大、承载能力高、外形雄伟壮观等优点赢得了广大桥梁工程师的青睐,在桥梁设计中被广泛采用。随着我国社会经济的持续发展和人民生活水平的不断提高,广大人民群众对美好生活的需要也日益增长,对桥梁的舒适性、安全性和美观性提出了更高要求,而成桥线形是影响桥梁外形、舒适性和安全性的关键因素。影响成桥线形的因素有很多,包括结构物理参数误差、几何尺寸误差、预拱度设置和拼装误差等,这些误差的控制需要借助精密的测控技术,但是,目前关于大跨径钢桁拱桥施工测控成套技术的研究很少,对钢桁拱桥在测控理论研究和实践上的总结还不够系统。针对国内钢桁拱桥迅速发展和测控技术研究相对滞后的情况,本书旨在研究大跨径钢桁拱桥施工前、中、后期各个阶段测控过程中的重要环节,总结大跨径钢桁拱桥的测控理论和技术,为今后的大跨径钢桁拱桥施工提供一些参考。

　　本书的编写得到了国内众多桥梁工作者的广泛响应和大力支持。全书共收录编委会编委在工作中形成的二十余篇相关论文成果,并根据实际情况做了修改。这些论文汇集了大跨径钢桁拱桥工作者在测控领域取得的研究成果,相信本书能对促进我国大跨径钢桁拱桥测控技术的进步起到积极作用。

2024 年 8 月

目录

第1章 绪论 ······1
1.1 大跨径钢桁拱桥概述 ······1
1.2 国内外钢桁拱桥的发展 ······2
1.3 钢桁拱桥的施工方法 ······7
1.4 桥梁工程测控技术的应用与发展 ······8
1.5 大跨径钢桁拱桥测控的技术难点 ······9

第2章 测量控制网高精度测控技术 ······12
2.1 大跨径桥梁独立控制网加密测量技术 ······12
2.2 对向三角高程法跨河水准测量技术的改进及应用 ······19
2.3 基于统计学标准差的不等精度三角形网平差技术 ······26
2.4 测量控制网投影变形处理技术 ······48

第3章 深水围堰施工测控技术 ······62
3.1 水下地形测控技术 ······62
3.2 钢围堰姿态及封底混凝土高度实时测控技术 ······71
3.3 深围堰内构筑物虚拟导线法测设技术 ······82

第4章 缆索起重机系统测控技术 ······90
4.1 塔式起重机影响下的高柔性扣缆塔垂直度测控技术 ······90
4.2 可变视线高法缆索垂度水准测控技术 ······97

4.3　锚固系统精确定位测控技术 ·················106

第5章　桁架拱肋拼装的测量与控制 ··················**114**
　　5.1　桁架拱整节段吊装虚拟骨架法定位技术 ·········114
　　5.2　基于微型磁力棱镜装置的桁架拱肋散拼定位技术 ·····122

第6章　基于GNSS连续监测的大跨径钢架测控技术 ·······**138**
　　6.1　GNSS高耸临时设施监测技术 ················138
　　6.2　GNSS技术在钢桁拱桥监测中的应用 ············143

第7章　3D打印技术在测量装备研发中的应用 ·········**148**
　　7.1　一种可拆卸式全站仪棱镜磁力转接头 ···········148
　　7.2　一种用于大高差高程传递的磁力棱镜装置 ········149
　　7.3　一种钢箱拱桥主桁高程的测量装置 ·············150
　　7.4　一种棱镜转接头及磁力支撑座 ···············151
　　7.5　锚固系统定位装置及其他 ···················152

第8章　总结及展望 ······························**155**

参考文献 ····································**158**

第1章
绪论

1.1 大跨径钢桁拱桥概述

拱桥是一种历史非常悠久的桥梁形式,且造型优美、魅力独特,在桥梁工程界备受青睐。古有载誉中外的赵州桥,今有雄伟壮观的上海卢浦大桥、南京大胜关长江大桥、重庆朝天门长江大桥等,这些具有里程碑意义的拱桥都让工程师们赞叹不已。

现代拱桥按照拱轴线形状可细分为圆弧拱、椭圆弧拱、抛物线拱和悬链线拱等。按照桥面与拱肋的相对位置关系,拱桥可以分为下承式、中承式和上承式结构。按照拱肋上铰的数量,拱结构可分为无铰拱、独铰拱、双铰拱和三铰拱。按照拱脚基础是否承受推力,拱桥可分为有推力拱桥和无推力拱桥(系杆拱桥)。按照拱肋的材料和构造形式,拱桥还可分为石拱桥、混凝土箱形拱桥、钢管混凝土拱桥、钢箱拱桥、钢桁拱桥、组合式拱桥等。

20世纪90年代以来,随着社会经济的发展和桥梁建设技术的提高,钢桁拱桥在工程中被快速推广应用。钢桁拱桥作为钢拱桥的一种,具有跨越能力强、承载能力高等优点,施工时能够实现工厂化制作,且部件运输便利。相对于斜拉桥、悬索桥等桥型,钢桁拱桥刚度较大、稳定性较好、造型优美,是一种较为理想的大跨径桥型选择方案,也可以较好地满足城市桥梁的景观要求。

1.2 国内外钢桁拱桥的发展

1.2.1 国外钢桁拱桥的发展

拱桥的拱是主要承受轴向压力并由两端支点推力维持平衡的曲线或折线结构,是人类在结构领域最早、最伟大的发明之一。欧洲现存著名的古拱桥有意大利的埃米利乌斯桥(Pons Aemilius,又称"断桥")、捷克的查理大桥(Charles Bridge)、法国的卡奥尔瓦伦垂大桥(Pont Valentré)等。

世界上第一座铸铁拱桥Iron桥,于1779年建成,位于英国什罗普郡塞文河上。该桥主跨为30.5m,拱肋由5个平行半圆弧并列组成。另一座较为知名的铁拱桥是埃菲尔铁塔的设计者古斯塔夫·埃菲尔(Gustave Eiffel)和他的学生设计的玛丽亚·皮亚桥(Ponte Maria Pia),位于葡萄牙杜罗河上,修建于1877年。该桥是一座跨径为160.13m的双铰镰刀形内倾双肋桁架拱桥(图1-1)。

图1-1 玛丽亚·皮亚桥

19世纪50年代后,随着钢铁冶炼技术的提高,桥梁建设也迎来了钢桥建造的新开端。1874年建成的美国伊兹桥(Eads Bridge)是现代钢桥的先驱,第一次在桥梁的建设中使用大量钢铁。伊兹桥是采用悬臂架设法施工的三跨钢桁拱桥,主跨为158m,两边跨各为153m。此后,1916年建成的美国纽约地狱门大桥

(Hell Gate Bridge,图1-2)是钢拱桥发展史上的里程碑,主跨达310m,是当时世界上最大跨径的钢拱桥,为现代钢拱桥奠定了技术基础。

图1-2 地狱门大桥

以美国和澳大利亚为代表,国外钢桁拱桥修建技术在20世纪时发展迅猛。在国外已经修建的大跨径钢桁拱桥中,只有3座跨径超过500m,即为1932年澳大利亚修建的主跨503m的悉尼港湾大桥(Sydney Harbor Bridge)、1931年美国修建的主跨510m的贝永大桥(Bayonne Bridge)和1977年美国修建的主跨518.2m的新河谷桥(New River Gorge Bridge)。此后,国外没有在大跨径钢桁拱桥上取得较大的突破。

1.2.2 国内钢桁拱桥的发展

我国最早关于"拱"的记录可以追溯至公元前700多年,《礼记·儒性篇》中记载了一种拱形窗,可能是我国最早的拱结构。《水经注》中提到的"旅人桥",大约建于公元前280年,是我国最早有记载的石拱桥。东汉时期,我国有了最早的单孔圆弧拱桥。隋朝时,拱桥技术已经非常成熟。其中,赵州桥[图1-3a)]始建于隋开皇至大业年间(581—618年),是世界上第一座敞肩式石拱桥,比欧洲早了700多年;苏州的宝带桥[图1-3b)],始建于唐元和十一年(816年),是一座有53孔的石拱桥,全长317m,拱卧在江南水乡之中;始建于南宋淳熙十六年(1189年)的北京卢沟桥[图1-3c)]、清顺治四年(1647年)竣工的江西南城县万年桥[图1-3d)],以及清乾隆年间建成的北京颐和园内的十七孔桥[图1-3e)]

和玉带桥[图1-3f)]等,都是中国传统拱桥的杰出代表。

a)赵州桥　　　　　b)宝带桥　　　　　c)卢沟桥

d)万年桥　　　　　e)十七孔桥　　　　f)玉带桥

图1-3　中国传统石拱桥

20世纪60年代,我国开始发展钢桥结构。1957年,在苏联技术专家的帮助下,使用从苏联进口的低碳钢材料,我国建成了每孔跨径为128m的武汉长江大桥。1968年建成通车的南京长江大桥,应用了我国独立炼出的16Mnq国产钢铁。1993年1月建成通车的九江长江大桥为中承式连续钢桁拱桥,其中间一孔最大跨径达到216m,首次采用15MnVNq低合金高强度钢,全桥钢梁采用栓焊结构代替铆接结构;该桥也成为继武汉长江大桥和南京长江大桥之后,新中国桥梁建设史上第三座"里程碑"式的桥梁。此后,随着我国社会经济的不断发展和科学技术的不断创新,桥梁建造技术取得了重大突破,钢桁拱桥越来越多地建造在大江大河之上。其中,具有代表性的大跨径钢桁拱桥有重庆朝天门长江大桥、宜万铁路万州长江大桥、南京大胜关长江大桥、秭归长江大桥、武汉汉江湾桥、广州南沙明珠湾大桥等。重庆朝天门长江大桥于2009年建成,为中承式钢桁系杆拱桥,其主跨跨径达到552m,是目前已建成的世界上跨径最大的钢桁系杆拱桥。在建桥梁中,有代表性的大跨径钢桁拱桥有世界最大跨径双线铁路三跨连续钢桁拱桥青海西成铁路尖扎黄河特大桥(主跨366m)、世界最大跨径公铁两用钢桁拱桥江苏常泰长江大桥录安洲专用航道桥(主跨388m)、世界最大跨径上承式钢桁拱桥重庆凤来特大桥(主跨580m)。

第1章　绪论

国内外部分大跨径拱桥见表1-1。

国内外部分大跨径拱桥(含在建)一览表　　表1-1

序号	桥名	主跨跨径（m）	建成时间	结构类型	国家
1	广西天峨龙滩特大桥	600	2024年	劲性骨架混凝土拱桥	中国
2	重庆凤来特大桥	580	在建	钢桁拱桥	中国
3	广西平南三桥	575	2020年	钢管混凝土拱桥	中国
4	重庆朝天门长江大桥	552	2009年	钢桁拱桥	中国
5	上海卢浦大桥	550	2003年	钢箱拱桥	中国
6	湖北秭归长江大桥	531.2	2019年	钢桁推力拱桥	中国
7	新河谷桥	518.2	1977年	钢桁拱桥	美国
8	贝永大桥	510	1931年	钢桁拱桥	美国
9	悉尼港湾大桥	503	1932年	钢桁拱桥	澳大利亚
10	四川巫山长江大桥	460	2005年	钢管混凝土拱桥	中国
11	成贵铁路鸭池河大桥	436	2019年	钢混结合拱桥	中国
12	广州南沙明珠湾大桥	436	2021年	钢桁拱桥	中国
13	广州新光大桥	428	2007年	三跨连续钢桁拱桥	中国
14	重庆菜园坝长江大桥	420	2007年	钢管混凝土拱桥	中国
15	武汉汉江湾桥	408	2021年	三跨连续钢桁拱桥	中国
16	江苏常泰长江大桥录安洲专用航道桥	388	在建	钢桁拱桥	中国
17	弗里芒特大桥	383	1973年	柔性钢拱桥	美国
18	广岛空港大桥	380	2011年	钢桁拱桥	日本
19	青海西成铁路尖扎黄河特大桥	366	在建	铁路钢桁拱桥	中国
20	宜万铁路万州长江大桥	360	2005年	铁路钢桁拱桥	中国
21	南京大胜关长江大桥	336	2011年	铁路钢桁拱桥	中国

1.2.3　典型的钢桁拱桥

我国建桥史上，在桥梁跨径、钢结构材料、荷载等方面不断进步和突破，创造了一个又一个建设里程碑。基于以上原因，选取九江长江大桥、宜万铁路万州长江大桥、重庆朝天门长江大桥、南京大胜关长江大桥、秭归长江大桥、武汉汉江湾桥作为典型案例分析。

九江长江大桥为中承式连续钢桁拱桥，中间一孔最大跨径达216m，1993年1月建成通车。该桥首创双壁钢围堰大直径钻孔基础施工法，首次采用新钢种15MnVNq低合金高强度钢，并以栓焊结构代替铆接结构，推动铆接钢梁退出历史舞台。该桥是新中国桥梁建设史上第三座"里程碑"式的桥梁，获得1996年度中国建筑工程鲁班奖(国家优质工程)、1998年度国家科技进步奖一等奖。

宜万铁路万州长江大桥为主跨360m的中承式连续钢桁拱桥，处于三峡库区，承载Ⅰ级单线铁路，是我国首座大跨径钢桁拱重载铁路桥，也是当时世界上同类型跨径最大的铁路拱桥。该桥于2005年底竣工，2010年全线建成通车。

重庆朝天门长江大桥为主跨552m的中承式连续钢桁系杆拱桥，是公轨两用桥(上层为六车道的公路，下层为双线轻轨)，于2009年4月通车。2019年，该桥入选中国建筑业协会遴选的"改革开放40年百项经典工程"。

南京大胜关长江大桥为主跨2×336m的三主桁中承式连续钢桁拱桥，大桥上客货线路达到6线。该桥于2011年1月正式投入使用，是京沪高速铁路的控制性工程之一，也是世界上设计荷载最大的高速铁路桥(世界首座六线铁路大桥)。该桥荣获2012年度国际桥梁大会(IBC)乔治·理查德森奖、2015年度国际桥梁与结构工程协会(IABSE)杰出结构工程奖。

秭归长江大桥为主跨531.2m的中承式推力式钢桁拱桥，是目前世界最大跨径的推力式钢桁拱桥，位于三峡库区兵书宝剑峡峡口，是湖北省骨架公路网中第6纵的第2条支线跨越长江的节点工程。该桥于2019年9月竣工通车，荣获2020年度国际桥梁大会(IBC)古斯塔夫斯·林德撒尔奖。

武汉汉江湾桥为主跨408m的中承式三跨连续钢桁系杆拱桥，首次实现

Q690qE级高性能桥梁钢大规模应用,拓展了国产桥梁用钢等级,为桥梁结构向"大跨径、重荷载"发展提供了有力的技术支撑。该桥于2021年5月开通运营。

1.3 钢桁拱桥的施工方法

大跨径桥梁建设中,设计和施工共同决定着桥梁的桥型与跨径。著名的预应力混凝土创始人欧仁·弗莱西奈(Enugene Freyssinet)曾说过:"100m和1000m的桥梁在设计方面难度相差不大,而施工方面的难度差别就非常悬殊。"大跨径钢桁拱桥亦是如此。施工技术已经成为制约大跨径钢桁拱桥跨径发展的关键因素,乃至是决定性因素。因此,需要解决大跨径拱桥施工方法与施工控制方面的技术难题,为钢桁拱桥跨径的跨越夯实技术基础。

目前,大跨径钢桁拱桥的施工方法已经发展得比较完备和成熟,主要包括支架拼装法、大件转移法、悬臂拼装法、斜拉扣挂法等。施工方法的选择需要考虑多种因素,包括桥梁结构类型、地质条件、场地条件和施工机具条件等,以选取最为合理、经济、安全的施工方法。

近年来,我国大跨径钢管混凝土拱桥及大跨径钢桁拱桥主要采用无支架缆索吊装法施工,后来又发展到斜拉扣挂法施工。与其他拱桥的施工方法相比,斜拉扣挂法具有以下优点:

(1)能够实现峡谷、深水等复杂条件下大跨径拱肋的无支架安装。

(2)施工设备上使用机具较少,扣索钢绞线可回收,比传统的支架法施工更具经济性。

(3)具有设备简单、轻巧、安全、可靠,操作方便,施工快捷,悬拼过程稳定性好,合龙精度高等优点。

(4)采用强度高、承载力大、延伸量小、变形稳定的钢绞线作为扣索,减小了架设过程中的非弹性变形,克服了传统的钢丝绳扣挂系统设备多、拉力大、调整困难、施工难度大等缺点。

(5)采用千斤顶张拉系统,有利于扣索加卸拉力、快捷调整索长,同时具有张拉能力大、行程控制精度高、索力调整和控制灵活、锚固可靠等优点。

大跨径钢桁拱桥与其他自架设体系不同,结构的线形和应力不能在成桥后再做调整,也不能像连续梁桥或连续刚构桥一样节段高程在浇筑阶段可做调整。在钢桁拱桥的整个施工过程中,一旦主拱肋合龙完成,再对拱轴线线形进行调整是十分困难的。采用不同的施工方法,对主拱肋成桥后的线形和受力状态都有直接的影响,同时,施工现状、施工环境与设计要求也存在差异。因此,必须结合具体施工方式,进行精确合理的仿真计算,并采用精密的测控技术,确保桥梁在施工过程中和成桥后的受力状态及线形满足规范或设计要求。因此,很有必要对大跨径钢桁拱桥主拱肋拼装的测控技术进行研究。

1.4　桥梁工程测控技术的应用与发展

桥梁工程测控技术的发展与测量仪器和测量软件的革新息息相关。从1921年的第一台光学经纬仪、1969年的第一台红外测距仪,到1977年的第一台工具型全站仪、1991年的第一台采用快速静态测量技术的全球定位系统(GPS)定位仪,再到1999年的第一台三维激光扫描仪、2005年的第一台集成GPS技术的全站仪(超站仪),每一种新型测量设备的诞生,都标志着测控技术领域的一次重大变革。随着测量软件的持续研发与优化,传统测量设备如全站仪、卫星定位仪等设备的功能日益丰富,也极大地推动了测控技术在各领域的应用与发展。早期工具型全站仪如图1-4所示。

a)TC1 1977

b)T2000+D15 1982

c)T3000 1986

图1-4　早期工具型全站仪

20世纪30年代,光学经纬仪技术经过十年的发展,逐渐演进至经典型号——T2,测角精度达到2″,推动了角度交会法和拨角法的广泛应用,并为当时桥梁施工过程中的测量工作提供了关键的设备和技术支持。

20世纪70年代,首台全站仪TC1面世,该仪器实现了测距、测角、数据处理功能的集成化,为后来在桥梁施工测量中大规模使用全站仪代替经纬仪和普通水准仪奠定了基础。

20世纪90年代以来,桥梁建造技术和测量设备都进入了高速发展阶段。随着电子技术的进步、数据处理及存储等相关技术水平的提高,GPS接收机、数字水准仪、免棱镜全站仪、自动型全站仪等测量新设备接连面世。其中,GPS接收机拓展了工程领域控制网复测技术,数字水准仪推动了精密水准测量技术,免棱镜全站仪实现了免人工置镜无接触测量技术,自动型全站仪催生了自动化监测技术。配套的测量软件随之研发应用,又极大地改善了大跨径桥梁测控的施测环境和测控能力。尤其是在大跨径钢桁拱桥施工中,卫星定位测量较好地解决了大跨径远距离下控制网测设问题,自动型全站仪提升了长距离跨河水准、钢桁拱节段吊装远程测控精度和工作效率,免棱镜全站仪为钢桁构件工厂预拼、现场拼装的定位测量工作提供了方便。

以上这些测控技术及设备,都是当时桥梁建造技术发展中不可或缺的组成部分。

1.5　大跨径钢桁拱桥测控的技术难点

大跨径钢桁拱桥上部结构主要由拱肋、吊杆、系杆、加劲梁等构件组成。拱肋是拱桥结构中的主要承重构件,主桁杆件的截面形式主要有H形截面、箱形截面和圆管截面。桁式拱肋减轻了自重,具有更强的跨越能力,每个节间杆件能够灵活地改变截面和钢种。桁架式拱肋按主框架类别可分为柏式桁架、华伦桁架、K式桁架、再分式架等形式。吊杆是一种传力构件,它把桥面系荷载传递至承重构件拱肋。系杆是无推力拱桥拱推力的承受构件。加劲梁是保证车辆行驶、提供结构刚度的二次结构的构件。

大跨径钢桁拱桥多修筑于需要跨越宽阔水域或深山峡谷地带,而这些建设地点常呈现以下特点:

(1)地形复杂多变。山区峡谷地形起伏大,山壁陡峭,这给测量工作带来了很大的挑战。测量人员需要使用特殊的设备和技术来适应这种复杂的地形条件。

(2)植被覆盖密集。山区峡谷往往植被茂密,这会影响地面测量的准确性。测量时,需要考虑植被对测量结果的影响。

(3)气象条件多变。山区峡谷的气象条件可能变化无常,如大风、大雾等,这些因素都会给测量工作造成干扰。

(4)交通不便。由于山区峡谷地形的限制,交通往往不便,这给测量设备的运输和测量人员的进出带来了困难。

(5)滑坡灾害风险。特别是在我国西部山区,滑坡灾害频发,具有强隐蔽性、高突发性和强破坏性等特点。这就要求测量时必须采取相应的安全措施,确保测量人员的安全。

(6)生态系统重要性。山地生态系统在水源涵养、土壤保持、固碳等方面发挥着重要作用。因此,在进行测量时,还需要考虑保护生态环境,避免测量活动破坏生态系统。

(7)技术要求高。由于山区峡谷的特殊性,传统的测量方法可能难以适用,需要采用遥感、无人机测绘等现代测量技术,提高测量的效率和准确性。

根据钢桁拱桥的结构特点、受力特性、施工方法及桥梁所处的地理环境等,大跨径钢桁拱桥测控技术上还存在以下技术难题:

(1)跨越峡谷的钢桁拱桥,地形落差大,测量控制网的布设应满足拱脚至拱顶及拱上结构的全覆盖,观测距离应满足桥梁施工控制的精度要求。在此地形条件下,如何建立满足全施工周期的桥梁施工控制网,以满足其对控制网精度和适用性的要求是首要难点。

(2)大跨径钢桁拱桥的水中主墩当采用深水围堰基础,所处桥址水流湍急、河床地形复杂时,水下地形测量困难。围堰下放过程中,安全垂直着床是围堰测控的一大难点。另外,围堰内空间狭小,着床后,如何保证堰内主体结构的定位精度也是深水围堰施工中遇到的难点。

(3)地处峡谷的大跨径钢桁拱桥常采用斜拉扣挂及缆索起重机吊装的施工方法,需要对塔架系统、缆索系统和锚固系统安装进行定位和姿态监测。由于受到复杂地形条件、恶劣气象环境条件及缆索起重机系统内部相互干扰的影响,在此条件下,如何获取满足测量精度需求及可靠性要求的观测数据是测量工作中的难点。

(4)大跨径钢桁拱桥杆件多、节点多,每个节点的安装精度都对后续杆件安装及整个主拱线形产生至关重要的影响。在各阶段,如何持续精确控制各节段的制造及安装精度,从而使主拱线形满足最终的控制目标,这是不可回避的系统性技术难点。

第 2 章 测量控制网高精度测控技术

跨越峡谷的钢桁拱桥，地形落差大，测量控制网的布设应满足拱脚至拱顶及拱上结构的全覆盖，观测距离应满足桥梁施工控制的精度要求。针对大高差地形条件，多层布设桥梁加密网，满足观测距离及观测角度需求。在使用测距三角高程法进行跨河水准测量时，利用棱镜代替标尺，将两岸棱镜及仪器互换，消除了棱镜高及仪器高的量取误差，提高了观测成果的精度。在有超短边的高等级三角形网的平差计算中，使用统计学估算观测值中误差的方式，优化了测量规范中针对短边的成果评价方式。当控制网投影变形不满足施工需求时，根据实际情况采取多种测量控制网投影变形处理技术进行优化处理或应对。

2.1 大跨径桥梁独立控制网加密测量技术

2.1.1 大跨径桥梁独立控制网加密布设

对大跨径钢桁拱桥而言，跨径越大，矢高越大，即从拱脚到拱顶的高差越大。为保障主拱及拱上结构的施工测量，控制网的覆盖范围应确保拱脚至拱顶及拱上结构的全覆盖，考虑控制点上观测垂直角及观测距离对测量精度的影响,对于主拱不同高程面上的观测目标,分别采用不同的控制点进行观测,这就需要对控制点进行分层布设。

在地形落差较大的条件下,如跨越山谷的拱桥,可选择分别在两岸上下游山体不同高程处布设加密点。两岸间加密点应相互通视,用于观测上下游主拱结构不同高程的部位。为保障观测精度,在观测过程中垂直角应不超过20°,观测距离应满足桥梁施工控制的精度估算需求。以秭归长江大桥主桥为例,其加密控制网平面图如图2-1所示、立面图如图2-2所示。

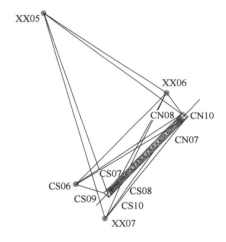

图2-1 秭归长江大桥主桥加密网平面图

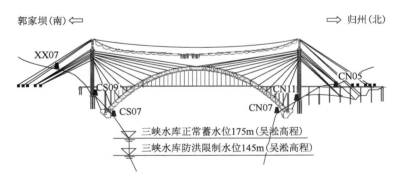

图2-2 秭归长江大桥主桥加密网立面图

在地势平缓区域,地表高程波动较小,为确保主拱结构施工测量精度,需充分借助施工现场邻近的建筑物设置控制点,以减少控制点与观测目标之间的高差。通过降低观测垂直角,可有效提高观测精度。当现场缺少可利用的建筑物时,则需通过增加控制点与主拱结构的平面距离,例如考虑采用对岸的控制点,以确保观测时的垂直角。此外,还可以通过设置多个不同距离的控制点来分别控制不同高程的结构部位,以确保在施工过程中的测量精度,从而为主拱结构的施工提供准确、可靠的数据支持。

武汉汉江湾桥主桥加密控制网平面图如图2-3所示。

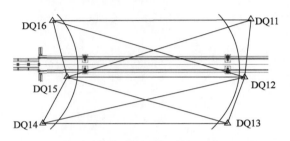

图2-3　武汉汉江湾桥主桥加密控制网平面图

2.1.2　桥梁独立控制网加密平面测量

平面控制测量可采用卫星定位测量、三角形网测量或导线测量等方法。

在大跨径桥梁施工中,首级控制网一般采用卫星定位测量方法。卫星定位测量主要依靠全球卫星导航定位系统(GNSS),因此本书主要介绍GNSS测量方法。该方法具有精度高、速度快、费用省、操作简便、全天候作业等优点,布网不受常规通视条件的限制。

桥梁施工测量作业主要使用全站仪完成,为了保证测量成果满足精度要求,观测边长较短,成像清晰、稳定,通视要求高,其使用的桥梁加密控制网一般采用三角形网或导线网进行测设。

2.1.2.1　卫星定位测量

(1)观测前的准备工作。

根据GNSS网观测的技术要求(表2-1)及现场实施条件,编制控制网测量技术方案,明确控制网等级与施测方法。

第2章 测量控制网高精度测控技术

GNSS观测的主要技术要求　　　　　　　表2-1

测量等级		二等	三等	四等	一级
卫星高度角(°)		≥15	≥15	≥15	≥15
时段长度（min）	静态	≥240	≥90	≥60	≥45
	快速静态	—	≥30	≥20	≥15
平均重复设站数(次/每点)		≥4	≥2	≥1.6	≥1.4
同时观测有效卫星数(个)		≥4	≥4	≥4	≥4
数据采样频率(s)		≤30	≤30	≤30	≤30
几何精度因子(GDOP)		≤6	≤6	≤6	≤6

在外业实施前,应列出详细的测量设备与工具清单,准备和检查设备、脚架、基座、交通工具、通信工具等,并制订详细的调度计划。

(2)外业观测。

观测前根据相关规范与技术方案,检查GNSS接收机的各项参数设置情况。具体实施步骤如图2-4所示。

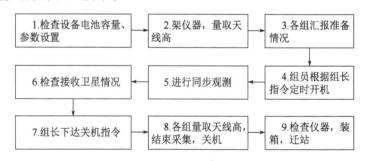

图2-4　GNSS静态测量实施流程图

GNSS接收机对中整平后,在三个方向分别量取天线高,互差不大于2mm,取平均值作为天线高,根据统一指令开机采集数据,应注意观察接收机的采集状态是否正常。完成时,统一结束采集并关机,再次复核天线高,做好观测记录。

(3)数据处理。

GNSS静态测量数据处理包括数据处理准备、基线解算、外业观测数据质量检验及网平差。其中,数据处理准备是对数据进行平滑滤波检验,剔除粗差,探测周跳,修复观测值;基线解算可使用专业的 GNSS 数据处理软件进行,如适用于小范围控制网的机载软件,以及适用于长基线或科研工作的 GAMT 软件等;外业观测数据质量检验包括同步环、异步环或附合线路、重复基线检核;网平差需要经过三维无约束平差及二维约束平差最终得到 GNSS 网坐标成果。此外,GNSS 静态测量成果还应使用全站仪进行边长复核。

2.1.2.2 三角形网测量

(1)观测前的准备工作。

根据三角形网观测的技术要求(表2-2、表2-3)及现场实施条件,编制控制网测量技术方案,明确控制网等级与施测方法。

水平角观测的主要技术要求 表2-2

测量等级	经纬仪型号	半测回归零差(″)	同一测回中2C较差(″)	同一方向各测回间较差(″)	测回数
二等	DJ1	≤6	≤9	≤6	≥12
三等	DJ1	≤6	≤9	≤6	≥6
三等	DJ2	≤8	≤13	≤9	≥10
四等	DJ1	≤6	≤9	≤6	≥4
四等	DJ2	≤8	≤13	≤9	≥6
一级	DJ2	≤12	≤18	≤12	≥2
一级	DJ6	≤24	—	≤24	≥4

光电测距的主要技术要求 表2-3

测量等级	观测次数 往	观测次数 返	每边测回数 往	每边测回数 返	一测回读数间较差(mm)	单程各测回较差(mm)	往返较差
二等	≥1	≥1	≥4	≥4	≤5	≤7	$\leq \sqrt{2}(a+bD)$
三等	≥1	≥1	≥3	≥3	≤5	≤7	
四等	≥1	≥1	≥2	≥2	≤7	≤10	
一级	≥1	—	≥2	—	≤7	≤10	

注:a 为固定误差;b 为比例误差系数;D 为水平距离(km)。

在外业实施前,应列出详细的测量设备与工具清单,准备和检查全站仪等设备,并制订详细的调度计划。

(2)外业观测实施。

外业观测选择在仪器成像清晰稳定的时段进行,观测前在测量环境中放置半小时,观测过程中应避免太阳直射,完成后应检查对中、气泡等情况。具体实施流程如图2-5所示。

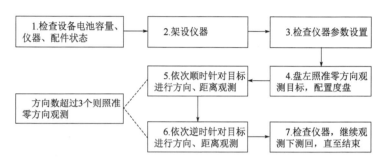

图2-5　全站仪三角测量实施流程图

观测中还应量取气温、气压值,并输入仪器进行气象修正。观测完成后应及时检查观测数据的完整性和质量,对不合格的测回或测站,应及时进行重测。

(3)数据处理。

全站仪三角形网测量数据处理包括数据整理及观测值修正、几何条件检验、网平差三个部分。观测数据整理完成后应按照规范要求进行方向改化、垂线偏差的修正、测距边长度的归化投影改正。几何条件检验应按规范要求计算网的各项条件闭合差,各项条件闭合差不应大于相应的限值。网平差处理可使用武汉大学研发的"科傻地面控制测量数据处理系统"(简称"科傻")来实现。目前,市场上存在众多针对三角形网平差的软件,此处不再赘述。

导线测量与三角形网测量同质性较强,且仅适用于三等及以下的控制网。

以上所述平面控制测量方法在工程领域中广泛应用,可根据项目的特定需求,将各方法结合使用。

2.1.3 加密控制网高程测量

首级网与加密网高程同步测量。首先进行首级网水准点的平差计算，复核设计交桩成果无误后，再以全部或部分设计交桩水准点高程作为约束条件，平差计算加密点高程。

岸上控制网一般采用光学或电子水准仪进行水准测量，应合理规划测量线路，构造附合水准路线、闭合水准路线或水准网。

跨河水准测量按规范要求执行，具体参见2.2节。

2.1.3.1 观测前的准备工作

根据高程等级对应的技术要求和现场交通条件，编制测量技术方案，明确施测方法。观测前检查水准仪和水准尺。

2.1.3.2 水准测量外业实施

二等、三等水准测量均采用单路线往返观测。二等水准测量观测的主要技术要求见表2-4、表2-5。

二等水准测量观测的主要技术要求　　　　表2-4

等级	仪器类别	视线长度(m)		前后视距差(m)		任一测站前后视距差累积(m)		视线高度(m)		数字水准仪重复测量次数
		光学	数字	光学	数字	光学	数字	光学	数字	
二等	DSZ1、DS1	≤50	≥3且≤50	≤1.0	≤1.5	≤3.0	≤6.0	≥0.3	≤2.80且≥0.55	≥2次

二等水准测量精度指标　　　　表2-5

水准测量等级	每千米水准测量偶然中误差 M_Δ	每千米水准测量全中误差 M_W	往返测不符值	附合路线或环闭合差
二等水准	≤1mm	≤2mm	$≤4\sqrt{L}$	$≤6\sqrt{R}$

注：L 为附合路线长度(km)；R 为检测段长度(km)。

2.1.3.3 数据处理

整理水准测量观测数据,采用软件或手工进行平差,计算各测段高差及改正数,得出加密点高程数据,并进行精度评定。

2.2 对向三角高程法跨河水准测量技术的改进及应用

2.2.1 技术背景

对于跨河二等水准测量,当视线长度不超过100m时,可用一般方法进行观测,但需在测站上变换仪器高度观测两次,两次高差之差不大于1.5mm。当视线长度超过100m时,应根据视线长度和仪器设备等情况,选用专用方法进行观测。常用的跨河水准测量方法及其适用距离见表2-6。

常用的跨河水准测量方法及其适用距离　　　表2-6

序号	观测方法	方法概要	最长跨距(m)
1	光学测微法	使用一台水准仪,用水平视线照准觇板标志,并读记测微鼓分划值,求出两岸高差	500
2	倾斜螺旋法	使用两台水准仪对向观测,用倾斜螺旋或气泡移动来测定水平视线上、下两标志的倾角,计算水平视线位置,求出两岸高差	1500
3	经纬仪倾角法	使用两台经纬仪对向观测,用垂直度盘测定水平视线上、下两标志的倾角,计算水平视线位置,求出两岸高差	3500
4	测距三角高程法	使用两台经纬仪对向观测,测定偏离水平视线的标志倾角;用测距仪量测距离,求出两岸高差	3500
5	GPS测量法	使用GPS接收机和水准仪分别测定两岸点位的大地高差和同岸点位的水准高差,求出两岸的高程异常和两岸高差	3500

注:本表引自《国家一、二等水准测量规范》(GB/T 12897—2006)。

跨河距离超过表2-6规定时,采用的方法和要求,应依据测区条件进行专项设计。

目前,工程施工中常采用测距三角高程法进行观测,为进一步消除观测过程中的系统误差,仪器和棱镜调岸时,锁定棱镜高度,计算过程中抵消了仪器高和棱镜高,避免量取误差,提高观测精度。

2.2.2 跨河场地布置

以某项目跨河距离1000m处二等跨河水准测段为例,在跨河处两岸布设四个临时水准点A、B、C、D(图2-6),构成大地四边形,点的布设形式可采用混凝土地标或木桩,确保在观测期间测点稳固。其中,AB及CD两点间的距离d_1、d_2约为10m,跨河视线长度d_3、d_4、d_5、d_6约为1000m。

跨河处两岸场地开阔,视线通畅。两岸高程大致相当,观测垂直角应小于1°,视线高度应不低于规范要求,以减弱大气折光影响。

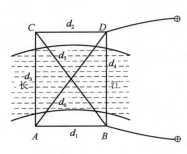

图2-6 跨河水准场地布置示意图

2.2.3 实施过程与观测方法

两岸间水准点高差采用两台高精度全站仪同时对向观测,测量距离与垂直角。

(1)同岸两点间高差测量。

如图2-6,采用电子水准仪按二等水准测量要求测量同岸两点AB及CD间高差,进行往返观测。

(2)距离观测。

各测点间斜距及平距采用全站仪直接测定。盘左、盘右各测1次为1测回,共测量8测回,取其平均值。

(3)垂直角测量。

在A、D两点同时架设全站仪,B、C两点同时架设棱镜,观测过程中锁定棱镜高度。首先,两台仪器同时观测本岸棱镜,盘左观测4次,盘右观测4次;然后,再观测对岸棱镜,同样各观测4次,完成1组垂直角观测。按照表2-7中跨河二等水准观测的主要技术要求,确定观测的时间段数、测回数及组数。

跨河水准观测的主要技术要求　　　　　表2-7

跨河视线长度（m）	一等			二等		
	最少时间段数	双测回数	半测回中的组数	最少时间段数	双测回数	半测回中的组数
（100,300］	2	4	2	2	2	2
（300,500］	4	6	4	2	2	4
（500,1000］	6	12	6	4	8	6
（1000,1500］	8	18	8	6	12	8
（1500,2000］	12	24	8	8	16	8
>2000	$6s$	$12s$	8	$4s$	$8s$	8

注:s为跨河视线长度千米数,尾数凑整到0.5。

然后将A点仪器搬至B点,在A点设置棱镜,按上述同样的方法观测,直至按表2-8中的观测顺序完成各站测量。至此,两台仪器共完成4个单测回。待各测站完成一半测量测回数后,对调两岸仪器及棱镜,再次按同样顺序进行观测,观测测回数相同。对调过程中注意锁定棱镜高度。

垂直角设站及迁站顺序　　　　　表2-8

步骤	设站	目标
1	A、D	B、C
2	B、D	A、C
3	B、C	A、D
4	A、C	B、D

2.2.4　精度分析及仪器高、棱镜高量取误差的消除

根据测量理论分析结论,结合现场实际条件,找出测距三角高程法进行跨河水准测量时的主要误差来源,并采取相应的方法和措施来降低或消除误差的影响。

(1)精度分析及误差来源。

光电测距对向观测三角高程计算公式为：

$$\bar{h}_{AB} = \frac{1}{2}\left[(S_{AB}\sin\alpha_{AB} - S_{BA}\sin\alpha_{BA}) + i_A - v_B - i_B + v_A\right] \tag{2-1}$$

式中：S_{AB}、S_{BA}——A、B两点之间往测和返测的斜距；

$\quad\quad\quad\alpha_{AB}$、$\alpha_{BA}$——$A$、$B$两点间往测和返测的竖直角；

$\quad\quad\quad i_A$、i_B、v_A、v_B——A、B两点的仪器高和棱镜高。

根据误差传播定律，对式(2-1)进行微分，可以得到中误差：

$$m_{\bar{h}}^2 = \frac{1}{4}\left[(S_{AB}\cdot\cos\alpha_{AB})^2\cdot\left(\frac{m_{\alpha_{AB}}}{\rho}\right)^2 + (S_{BA}\cdot\cos\alpha_{BA})^2\cdot\left(\frac{m_{\alpha_{BA}}}{\rho}\right)^2\right] +$$
$$\frac{1}{4}(\sin^2\alpha_{AB}\cdot m_{S_{AB}}^2 + \sin^2\alpha_{BA}\cdot m_{S_{BA}}^2 + m_{i_{AB}}^2 + m_{i_{BA}}^2 + m_{v_{AB}}^2 + m_{v_{BA}}^2) \tag{2-2}$$

式中：$\quad\quad m_{\bar{h}}$——往返观测平均高差中误差；

$m_{S_{AB}}$、$m_{S_{BA}}$、$m_{\alpha_{AB}}$、$m_{\alpha_{BA}}$——往返测斜距和垂直角中误差；

$m_{i_{AB}}$、$m_{i_{BA}}$、$m_{v_{AB}}$、$m_{v_{BA}}$——往返仪器高和棱镜高量取中误差。

由于仪器和观测条件相同，可取：$m_{\alpha_{AB}} = m_{\alpha_{BA}} = m_\alpha$，$m_{S_{AB}} = m_{S_{BA}} = m_S$，$S_{AB} = S_{BA} = S$，$m_{i_{AB}} = m_{i_{BA}} = m_{v_{AB}} = m_{v_{BA}} = m$，$\alpha_{AB} = \alpha_{BA} = \alpha$，于是式(2-2)可简化为：

$$m_{\bar{h}}^2 = \frac{1}{2}(S\cdot\cos\alpha)^2\cdot\left(\frac{m_\alpha}{\rho}\right)^2 + \frac{1}{2}\sin^2\alpha\cdot m_S^2 + m^2 \tag{2-3}$$

(2)仪器高、棱镜高量取值的计算消除。

如图2-7所示，设A、B、C、D四点高程分别为H_A、H_B、H_C、H_D，仪器高程及棱镜高程分别为H'_A、H'_B、H'_C、H'_D。

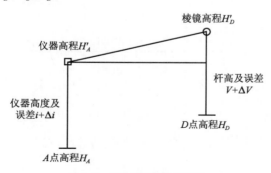

图2-7 三角高程测量示意图

当在 A、C 两点架设全站仪，B、D 两点架设棱镜时，设 A、C 两点仪器高度分别为 i_{A1}、i_{C1}，B、D 点棱镜高度分别为 v_{B1}、v_{D1}，有：

$$H_B - H_A = (H'_{B1} - H'_{A1}) - v_{B1} + i_{A1} \tag{2-4}$$

$$H_D - H_A = (H'_{D1} - H'_{A1}) - v_{D1} + i_{A1} \tag{2-5}$$

$$H_B - H_C = (H'_{B1} - H'_{C1}) - v_{B1} + i_{C1} \tag{2-6}$$

$$H_D - H_C = (H'_{D1} - H'_{C1}) - v_{D1} + i_{C1} \tag{2-7}$$

式(2-5)-式(2-4)可得：

$$H_D - H_B = (H'_{D1} - H'_{A1}) - (H'_{B1} - H'_{A1}) - v_{D1} + v_{B1} \tag{2-8}$$

式(2-7)-式(2-6)可得：

$$H_D - H_B = (H'_{D1} - H'_{C1}) - (H'_{B1} - H'_{C1}) - v_{D1} + v_{B1} \tag{2-9}$$

式(2-8)、式(2-9)中，已经没有仪器高度参数。

取其平均值可得：

$$(H_D - H_B)_{\text{均}1} = [(H'_{D1} - H'_{C1}) - (H'_{B1} - H'_{C1}) + (H'_{D1} - H'_{A1}) - (H'_{B1} - H'_{A1})]/2 - v_{D1} + v_{B1} \tag{2-10}$$

其中：

$$H'_{D1} - H'_{C1} = S_{CD} \sin \alpha_{CD1}$$

$$H'_{B1} - H'_{C1} = S_{CB} \sin \alpha_{CB1}$$

$$H'_{D1} - H'_{A1} = S_{AD} \sin \alpha_{AD1}$$

$$H'_{B1} - H'_{A1} = S_{AB} \sin \alpha_{AB1}$$

以上各式中，S 均为斜距平均值。

将两岸仪器及棱镜对调后，设 A、C 两点仪器高度分别为 i_{A2}、i_{C2}，B、D 点棱镜高度分别为 v_{B2}、v_{D2}，同理可得：

$$(H_D - H_B)_{\text{均}2} = [(H'_{D2} - H'_{C2}) - (H'_{B2} - H'_{C2}) + (H'_{D2} - H'_{A2}) - (H'_{B2} - H'_{A2})]/2 - v_{D2} + v_{B2} \tag{2-11}$$

由式(2-10)+式(2-11)，取平均值，可得：

$$(H_D - H_B)_{\text{均}} = [(H'_{D2} - H'_{C2}) - (H'_{B2} - H'_{C2}) + (H'_{D2} - H'_{A2}) - (H'_{B2} - H'_{A2}) +$$
$$(H'_{D1} - H'_{C1}) - (H'_{B1} - H'_{C1}) + (H'_{D1} - H'_{A1})(H'_{B1} - H'_{A1})]/2 +$$
$$(v_{B2} - v_{D2} + v_{B1} - v_{D1})/2 \tag{2-12}$$

式(2-12)中，在运输及对调两岸棱镜时，锁定棱镜高度不变，则有：

$$v_{B2} = v_{D1}$$
$$v_{D2} = v_{B1}$$

那么,式(2-12)中:

$$(v_{B2} - v_{D2} + v_{B1} - v_{D1})/2 = 0$$

即消除了棱镜高度的影响,亦即 $m = 0$。

结合该项目案例,跨河水准测量的相关参数取跨河距离 $S = 1000\text{m}$,垂直角 $\alpha = 2°$,全站仪测角精度为 $m_\alpha \pm 0.5''$,测距精度为 $m_\alpha = \pm(0.6\text{mm} + 1\text{ppm})$,代入式(2-3),可得: $m_h^2 = 2.975\text{mm}^2$,即 $m_h = \pm 1.72\text{mm}$。

2.2.5 数据处理

上述跨河水准测量数据处理结果如下:

(1)观测结果数据质量检核。

观测结果按国家二等水准测量的精度要求进行检核,每条边各单测回间的高差互差不大于 $dH_{限} = 4M_\Delta\sqrt{N \cdot S} = 4 \times 1.0 \times \sqrt{16 \times 1} = 16(\text{mm})$。其中, M_Δ 为水准测量每千米偶然中误差限差,二等水准规范要求为 1.0mm; N 为双测回的测回数,本次为 16; S 为跨河视线长度, $S = 1\text{km}$。

由大地四边形组成 3 个独立闭合环,各环线的闭合差的限差为 $W = 6M_w\sqrt{S} = 6 \times 2.0 \times \sqrt{1} = 12(\text{mm})$。其中, M_w 为水准测量全中误差限差,二等水准规范要求为 2.0mm; $S = 1\text{km}$。

对观测数据进行检核,均满足限差要求。

观测结果见表 2-9。

各测段(闭合环)高差及最大互差　　　表 2-9

测段(环)	高差(闭合差)平均值 (m)	最大高差(闭合差) 不符值(mm)	边(环)长 (m)
AB	-0.2094	0.4	9.080
AC	25.5949	13.3	984.515
BC	25.8028	10.9	984.087
BD	25.5762	12.5	983.002

续上表

测段(环)	高差(闭合差)平均值(m)	最大高差(闭合差)不符值(mm)	边(环)长(m)
AD	25.3655	14.6	983.506
CD	-0.2289	0.5	9.133
ABC	-0.0015	—	1977.682
ABD	0.0013	—	1975.588
ABCD	-0.0010	—	1985.806

（2）平差处理。

按条件平差原理处理数据,对跨河水准网进行严密平差,平差结果见表2-10。

平差结果　　　　　　　　　表2-10

起点	终点	观测高差(m)	改正数(mm)	平差值(m)	精度(mm)	距离(km)
A	B	-0.2094	0	-0.2094	0.09	0.009
A	C	25.5949	-0.3	25.5946	0.49	0.985
B	C	25.8028	1.2	25.804	0.49	0.984
B	D	25.5762	-1.1	25.5751	0.49	0.983
A	D	25.3655	0.2	25.3657	0.49	0.984
C	D	-0.2289	0	-0.2289	0.09	0.009

由观测数据及平差计算可知,观测数据高差最大互差为14.6mm,小于限差（16mm）,闭合环最大闭合差为1.5mm,小于限差（12mm）,平差后每千米高差偶然中误差为±0.969mm,满足国家二等水准规范要求的精度。

2.2.6 小结

在采用测距三角高程法进行跨河水准测量时,垂直角的误差影响最大,应采用测角精度较高的仪器进行,通过多测回测角,减小测角误差影响;利用棱镜代替标尺,两岸棱镜及仪器互换,并在对调过程中锁定棱镜高。通过上述方法,在数据处理过程中抵消误差,不再影响成果精度,在一定程度上提高了跨河水准测量的效率、精度和可靠性。

当然，为了有效地消除或减弱跨河水准测量误差，还需要根据规范要求，在测量时段分布、气象条件选择、观测仪器的环境干扰因素、临时水准点稳定性复核等方面采取相关措施。

2.3 基于统计学标准差的不等精度三角形网平差技术

2.3.1 技术背景

控制网的平差计算，一是求出观测值和未知数的平差值，二是评定测量成果精度。平差计算所采用的模型包括函数模型和随机模型，其中函数模型视具体问题不同可采用条件平差模型、间接平差模型、附有条件的间接平差模型、附有未知数的条件平差模型等。

在控制网平差中，观测值的中误差一般根据控制网的精度等级或仪器标称精度确定，但会与实际估值有差别。就独立不等精度观测值而言，单位权中误差的先验估值不同，平差计算结果也会不一样。在有超短边的高等级三角形网的平差计算中，可采用更加科学的定权方式，使误差分配更加合理。

在三角形网测量中，一般测角网和边长接近相等的测边网均可视为等精度独立观测值进行平差；若边长不相等，则观测值的精度不同，应按照不等精度独立观测值进行平差。

控制网布设时，相邻点的边长应符合相应的规范要求，如目前修建各长江大桥时，其控制网的等级会根据其交通用途（公路、铁路），相应地达到现行《公路勘测规范》(JTG C10) 中的二等要求，或现行《铁路工程测量规范》(TB 10101) 中的一、二等要求。

但在工程实践中，布设桥梁加密网时，受地理环境的限制，往往出现控制网边长个体差异大、平均边长远小于规范中对应等级的平均边长要求、个别边长出现超短边的情况，不利于最终平差后的成果评定。特别是超短边的存在，直接影响着控制网平差结果是否合格。

三角形网平差时,观测方向和观测边均作为观测值参与平差,其观测精度一般按全站仪标称精度计算;也可采用数理统计方法求得经验公式估算方向和距离的先验中误差,并用以计算方向及边长的权。一般情况下,这两种定权方式都能够满足实际工程测量工作的需求。但在有超短边的极端条件下,这两种方式的平差结果存在明显差异。

2.3.2 全站仪在高精度桥梁三角形网超短边测距中的精度

三角形网的边长观测值的先验精度,一般根据仪器的标称精度来确定,即:

$$m_D = a + bs \tag{2-13}$$

式(2-13)多用于全站仪测量边长的先验中误差的估值。式中,m_D表示观测值的中误差;a表示固定误差(mm);b表示比例误差;s为测距长度(km)。

$$\sigma = \sqrt{A^2 + (B \cdot d)^2} \tag{2-14}$$

式(2-14)多用于GNSS测量边长的先验误差的估值。式中,σ表示基线长度中误差;A表示固定误差(mm);B表示比例误差系数(mm/km);d为基线平均长度(km)。

在全站仪测量边长时,固定误差a包括对中误差、仪器常数误差和测相误差,与距离观测值无关,受气象环境的影响也很小;比例误差b包括测尺频率误差、真空光速误差和折射率误差,与观测距离有关,并受气象环境的影响较大。在实际测量时,一般可认为a与标称值的差异较小;b随气象条件和气象元素观测值的精度而变化,与标称值比较可能有较大的差异。

对于高精度的桥梁三角形网测量时,控制点的布设一般要求埋设强制观测墩,这样就大幅减小了对中误差,而和仪器本身相关的固定误差,如仪器常数误差,可根据仪器检定证书进行对应修正。且在超短边测距时,和距离相关的比例误差也会显著减小。因此,对短边距离测量而言,按照全站仪测距的标称精度公式推算测距精度的方式并不可靠,特别是在高精度桥梁三角形网的超短边测距时,其测距精度有较大的出入。

2.3.3　统计学估算中误差在三角形网平差的实施步骤

对于高等级三角形网测量技术要求,各测量规范均有各自的规定。

如《工程测量标准》(GB 50026—2020)中二等三角形网的主要技术要求为:标称0.5″级的全站仪,每测站需测角9测回;要求全站仪为5mm级(如标称测距精度为3mm+2ppm的全站仪)及以内的测距精度,对测距边的边长进行往返各3测回的观测。

《铁路工程测量规范》(TB 1010—2018)提出,二等三角形网的主要技术要求为:标称0.5″级的全站仪,每测站需测角6测回;标称测距精度为1mm+1ppm的全站仪,对测距边的边长进行往返各4测回的观测。

而在工程实践中,全站仪每测站可同时观测角度和距离,可以将测距的测回数与测角的测回数保持一致,不仅没有增加太大的工作量,且有利于提高测距精度和可靠性。

三角形网观测完毕后,可使用武汉大学开发的"科傻"或中铁第四勘察设计院集团有限公司开发的"SYADJ-工程测量平差数据处理软件"等平差软件进行网平差处理,其观测数据精度一般统一设置为仪器标称精度。以"科傻"平差软件为例,如其观测文件第一行数据为"2,3,2",则表示该任务测量仪器的标称测角精度为2″,测距精度为3mm+2ppm。此时,该平差任务的测角精度统一为2″,而测距精度根据式(2-13)中的精度公式代入观测距离s(km),按$m=3+2s$进行计算,得到各观测距离的精度并在平差过程中进行对应的定权。

而高等级三角形网测回数较多,有足够多的样本数量,具备按数理统计的方法对每个测角及测边的观测值估算先验中误差,再进行软件平差的条件。本节利用"科傻"平差软件实施该方法,具体的步骤如下:

(1)整理各测站测角及测边数据,各测回观测值作为样本,并计算其标准差。该测站最终的观测值数据整理与常规方法一致,而其观测值的中误差不再根据仪器标称精度设置,改为以各测回观测值的标准差作为观测值中误差。

需要注意的是:

①在整理角度观测数据时,起始方向点需要归零计算,起始方向的精度设置为全站仪标称精度。

②计算测边距离观测值的精度时,需将往返测的各测回距离观测值作为一组样本计算其标准差。

(2)检查各观测值的限差,如往返测距较差、环闭合差等。可根据规范要求进行手动计算,也可以按仪器标称精度设置观测值精度,编写观测数据文件,在软件中进行几何条件检验。

(3)按"科傻"平差软件的格式要求,编制含有多组观测精度的观测文件,再进行网平差计算。

(4)与常规平差方法的结果进行对比分析。

2.3.4 应用案例

2.3.4.1 应用项目控制网概况

秭归长江大桥位于三峡库区,跨越长江兵书宝剑峡,是一座大跨径钢箱桁架推力拱桥。兵书宝剑峡峡口原貌如图2-8所示,秭归长江大桥如图2-9所示。

图2-8 兵书宝剑峡峡口原貌(2015年)

图2-9 秭归长江大桥

测区属于三峡水利枢纽近坝库段，以山区地貌为主，高差较大，测区内及附近滑坡体分布密集，地形复杂。

项目平面坐标系为北京54坐标系，中央子午线为东经111°，投影面高程为250m。湖北省交通规划设计院交付首级控制点14个，其中与本桥关系较为密切的首级控制点有3个（XX05、XX06、XX07）。为满足秭归长江大桥施工测量工作，另布设桥梁加密控制点6个（CS07、CS09、SC10、CN10、CN12、CN13），控制点布设形式均为强制对中墩，平面与高程共点。

首级控制网测量按设计同方式的公路二等技术要求进行GNSS静态测量。桥梁加密网采用三角形网测量，使用0.5″级全站仪按照当时现行有效的《工程测量规范》(GB 50026—2007)[①]中二等三角形网技术要求执行，同时也参考了《公路勘测规范》(JTG C10—2007)中二等三角测量对测回数的要求。

由于全站仪观测时可以同时测距、测角，最终在实际操作时，角度和距离观测均按12测回进行测量。

2.3.4.2 三角形网常规平差

秭归长江大桥平面加密网，观测仪器为徕卡TS30全站仪，标称测角精度为0.5″、测距精度为1mm+1ppm。按此指标编入"科傻"平差软件的平面观测文件，

---

① 秭归长江大桥项目开工建设时间为2015年，当时有效的标准为《工程测量规范》(GB 50026—2007)，该标准现已废止，现行有效的为《工程测量标准》(GB 50026—2020)。

观测文件（常规平差）整理后如图 2-10~图 2-13 所示。图中，已知点坐标的前三位数值以"*"代替，进行控制点坐标的保密处理。

本书不再详细介绍软件平差及限差检核过程。使用软件平差后，分析边长中误差及改正数，最终各测边的方位角及边长的平差结果和精度见表 2-11。

```
0.5，1，1
XX05，***7314.244，***408.861
XX06，***6883.154，***048.922
XX07，***6204.925，***726.670
CS07
XX06，L，0
CS10，L，140.01568
CS09，L，162.54096
XX06，S，578.1256
CS10，S，79.9672
CS09，S，57.4164
CS09
XX06，L，0
CN12，L，12.09044
CN13，L，15.33493
CS10，L，102.03145
XX05，L，311.01406
CS07，L，344.25488
XX06，S，633.2316
CN12，S，589.1984
CN13，S，590.2642
CS10，S，35.0782
XX05，S，1021.6914
CS07，S，57.4162
```

图 2-10　观测文件（第 1 页）

```
XX07
XX05，L，0
XX06，L，41.23542
CN12，L，51.11330
CN10，L，52.20201
CN13，L，54.05333
XX05，S，1153.9491
XX06，S，750.8962
CN12，S，691.5653
CN10，S，634.8766
CN13，S，687.4999
CS10
CS09，L，0
XX05，L，28.02581
CS07，L，39.30181
CN12，L，86.41256
CN10，L，88.32507
CN13，L，90.06128
CS09，S，35.0784
XX05，S，1052.5181
CS07，S，79.9662
CN12，S，590.1835
CN10，S，534.8858
CN13，S，589.1596
```

图 2-11　观测文件（第 2 页）

```
XX05
XX06，L，0
CS10，L，37.19212
CS09，L，38.14517
XX07，L，40.03095
XX06，S，771.6912
CS10，S，1052.5150
CS09，S，1021.6884
XX07，S，1153.9452
CN10
XX07，L，0
CS10，L，5.25439
XX06，L，125.41252
CN13，L，201.55036
XX07，S，634.8738
CS10，S，534.8833
XX06，S，175.4669
CN13，S，56.3710
XX06
CN12，L，0
CN10，L，16.05202
XX07，L，59.27298
CS09，L，65.13383
CS07，L，66.45169
XX05，L，158.00278
CN12，S，136.5899
CN10，S，175.4656
XX07，S，750.8934
CS09，S，633.2288
CS07，S，578.1275
XX05，S，771.6941
```

图 2-12　观测文件（第 3 页）

```
CN12
CN13，L，0
XX07，L，81.54348
CS10，L，86.37419
CS09，L，90.02093
XX06，L，192.39283
CN13，S，35.1367
XX07，S，691.5628
CS10，S，590.1820
CS09，S，589.1975
XX06，S，136.5885
CN13
XX07，L，0
CS10，L，5.13522
CS09，L，8.38167
CN10，L，20.09514
CN12，L，95.11280
XX07，S，687.4975
CS10，S，589.1615
CS09，S，590.2670
CN10，S，56.3707
CN12，S，35.1375
```

图 2-13　观测文件（第 4 页）

网点间边长、方位角及其相对精度表　　　　　　表2-11

自	至	方位角 (d.ms)	方位角中误差 (sec)	边长 (m)	边长中误差 (cm)	边长相对 中误差
XX05	CS10	161.165833	0.23	1052.5251	0.12	915000
XX05	CS09	162.122827	0.24	1021.7001	0.11	903000
XX06	CN12	145.571971	0.74	136.5866	0.10	130000
XX06	CN10	162.024036	0.72	175.4630	0.10	179000
XX06	CS09	211.105699	0.44	633.2312	0.09	715000
XX06	CS07	212.423626	0.47	578.1284	0.11	528000
XX07	CN12	35.122857	0.29	691.5642	0.06	1118000
XX07	CN10	36.211574	0.28	634.8810	0.08	809000
XX07	CN13	38.062970	0.30	687.4999	0.06	1093000
CS07	XX06	32.423626	0.47	578.1284	0.11	528000
CS07	CS10	172.442774	0.91	79.9662	0.10	77000
CS07	CS09	195.364283	0.92	57.4154	0.08	72000
CS09	XX06	31.105699	0.44	633.2312	0.09	715000
CS09	CN12	43.195977	0.54	589.1979	0.09	690000
CS09	CN13	46.444513	0.54	590.2660	0.09	681000
CS09	CS10	133.140739	0.88	35.0777	0.06	59000
CS09	XX05	342.122827	0.24	1021.7001	0.11	903000
CS09	CS07	15.364283	0.92	57.4154	0.08	72000
CS10	CS09	313.140739	0.88	35.0777	0.06	59000
CS10	XX05	341.165833	0.23	1052.5251	0.12	915000
CS10	CS07	352.442774	0.91	79.9662	0.10	77000
CS10	CN12	39.553312	0.55	590.1813	0.09	684000
CS10	CN10	41.465795	0.55	534.8892	0.10	534000
CS10	CN13	43.202024	0.54	589.1594	0.09	678000
CN10	XX07	216.211574	0.28	634.8810	0.08	809000
CN10	CS10	221.465795	0.55	534.8892	0.10	534000
CN10	XX06	342.024036	0.72	175.4630	0.10	179000
CN10	CN13	58.161869	0.88	56.3712	0.07	76000
CN12	CN13	133.175416	0.87	35.1361	0.10	35000

续上表

自	至	方位角 (d.ms)	方位角中误差 (sec)	边长 (m)	边长中误差 (cm)	边长相对 中误差
CN12	XX07	215.122857	0.29	691.5642	0.06	1118000
CN12	CS10	219.553312	0.55	590.1813	0.09	684000
CN12	CS09	223.195977	0.54	589.1979	0.09	690000
CN12	XX06	325.571971	0.74	136.5866	0.10	130000
CN13	XX07	218.062970	0.30	687.4999	0.06	1093000
CN13	CS10	223.202024	0.54	589.1594	0.09	678000
CN13	CS09	226.444513	0.54	590.2660	0.09	681000
CN13	CN10	238.161869	0.88	56.3712	0.07	76000
CN13	CN12	313.175416	0.87	35.1361	0.10	35000

从表 2-11 可以看出，如 CS07→CS09、CS07→CS10、CS09→CS10、CN12→CN13 等各超短边的边长相对中误差均大于 1/120000，不满足《工程测量规范》(GB 50026—2007)中二等三角形网最弱边边长相对中误差应优于 1/120000 的要求。

尽管《铁路工程测量规范》(TB 10101—2018)对短边边长中误差进行了补充说明，明确指出当边长短于 500m 时，二等三角形网边长中误差应小于 2.5mm。然而，这种使用边长中误差绝对值来代替边长中误差相对值的方式，实际上是一种在短边参与高等级控制网平差时，为防止边长相对中误差超限而采取的妥协措施。若按这个标准来评价，表 2-11 中的各短边中误差均未超限。

进一步分析各超短边在各测回的实际观测数据，如 CN10→CN13，详见表 2-12。

CN10→CN13 边长观测数据（12测回）　　　　表 2-12

测回数	往测边长观测值	返测边长观测值	测回数	往测边长观测值	返测边长观测值
1	56.37085	56.37060	7	56.37100	56.37045
2	56.37095	56.37050	8	56.37095	56.37085
3	56.37105	56.37060	9	56.37105	56.37055
4	56.37100	56.37075	10	56.37095	56.37110
5	56.37110	56.37065	11	56.37105	56.37070
6	56.37105	56.37090	12	56.37100	56.37080

因本网各控制点均采用了强制对中墩架设全站仪及棱镜,从表2-12可以看出,该超短边边长多测回的测量结果均稳定在亚毫米级,经计算,其数理统计的标准差为0.2mm。

而根据式(2-13)及仪器标称精度估算的该测边边长的精度 m_D = 1mm + 0.056km × 1mm/km = 1.06(mm),远大于该边长在数理统计的样本标准差,达到了数量级上的差距,不利于该超短边在平差计算中的合理定权。

2.3.4.3 三角形网基于数理统计估算中误差的平差

根据上述控制网观测成果计算多测回观测值的标准差。

先计算各测站水平角观测值的标准差,具体见表2-13。

各测站水平角观测值及标准差统计表　　　表2-13

测站	照准目标	水平角观测值(d.ms)	标准差(sec)
CS07	XX06	0.00000	0.50
	CS10	140.01568	2.50
	CS09	162.54096	1.70
CS09	XX06	0.00000	0.50
	CN12	12.09044	0.59
	CN13	15.33493	1.85
	CS10	102.03145	0.69
	XX05	311.01406	0.38
	CS07	344.25488	1.21
XX07	XX05	0.00000	0.50
	XX06	41.23542	0.68
	CN12	51.11330	0.75
	CN10	52.20201	0.72
	CN13	54.05333	0.76
CS10	CS09	0.00000	0.50
	XX05	28.02581	0.84
	CS07	39.30181	0.95
	CN12	86.41256	0.40
	CN10	88.32507	0.44
	CN13	90.06128	0.80

续上表

测站	照准目标	水平角观测值(d.ms)	标准差(sec)
XX05	XX06	0.00000	0.50
	CS10	37.19212	0.89
	CS09	38.14517	0.89
	XX07	40.03095	0.66
CN10	XX07	0.00000	0.50
	CS10	5.25439	1.28
	XX06	125.41252	0.89
	CN13	201.55036	1.21
XX06	CN12	0.00000	0.50
	CN10	16.05202	0.92
	XX07	59.27298	0.52
	CS09	65.13383	0.8
	CS07	66.45169	0.98
	XX05	158.00278	0.62
CN12	CN13	0.00000	0.50
	XX07	81.54348	1.14
	CS10	86.37419	1.56
	CS09	90.02093	1.53
	XX06	192.39283	1.07
CN13	XX07	0.00000	0.50
	CS10	5.13522	1.05
	CS09	8.38167	1.65
	CN10	20.09514	1.74
	CN12	95.11280	0.90

注：各测站水平角观测采用了方向观测法,起始边方位角进行了归零计算,其观测值标准差不便于数理统计,采用仪器标称精度0.5″作为观测精度的估计值。

从表2-13中可以看出,水平角观测值的标准差与TS30全站仪标称0.5″的测角精度差距不大。

统计各测站边长观测值的标准差,并与全站仪标称精度估算的各边长中误差[式(2-13)]对比,具体见表2-14。

各测站边长观测值及标准差和标称估算中误差统计表　　表2-14

测站	照准目标	边长观测值（m）	标准差（mm）	仪器指标估算中误差（mm）
CS07	XX06	578.1256	1.70	1.58
	CS10	79.9672	0.51	1.08
	CS09	57.4164	0.26	1.06
CS09	XX06	633.2316	1.92	1.63
	CN12	589.1984	0.74	1.59
	CN13	590.2642	1.50	1.59
	CS10	35.0782	0.15	1.04
	XX05	1021.6914	1.98	2.02
	CS07	57.4162	0.26	1.06
XX07	XX05	1153.9491	1.99	2.15
	XX06	750.8962	1.98	1.75
	CN12	691.5653	1.27	1.69
	CN10	634.8766	1.08	1.63
	CN13	687.4999	1.73	1.69
CS10	CS09	35.0784	0.15	1.04
	XX05	1052.5181	1.69	2.05
	CS07	79.9662	0.51	1.08
	CN12	590.1835	0.79	1.59
	CN10	534.8858	1.11	1.53
	CN13	589.1596	1.10	1.59
XX05	XX06	771.6912	2.21	1.77
	CS10	1052.5150	1.69	2.05
	CS09	1021.6884	1.98	2.02
	XX07	1153.9452	1.99	2.15
CN10	XX07	634.8738	1.08	1.63
	CS10	534.8833	1.11	1.53

续上表

测站	照准目标	边长观测值（m）	标准差（mm）	仪器指标估算中误差（mm）
CN10	XX06	175.4669	0.78	1.18
	CN13	56.3710	0.20	1.06
XX06	CN12	136.5899	0.78	1.14
	CN10	175.4656	0.78	1.18
	XX07	750.8934	1.98	1.75
	CS09	633.2288	1.92	1.63
	CS07	578.1275	1.70	1.58
	XX05	771.6941	2.21	1.77
CN12	CN13	35.1367	0.38	1.04
	XX07	691.5628	1.27	1.69
	CS10	590.1820	0.79	1.59
	CS09	589.1975	0.74	1.59
	XX06	136.5885	0.78	1.14
CN13	XX07	687.4975	1.73	1.69
	CS10	589.1615	1.10	1.59
	CS09	590.2670	1.50	1.59
	CN10	56.3707	0.20	1.06
	CN12	35.1375	0.38	1.04

注：边长的往返测距离的观测值合并为一组样本进行标准差的统计。

分析表2-14可以发现，大于500m的边长观测值，其标准差与仪器指标估算的中误差基本一致，分布在0.47~1.25倍仪器指标估算中误差的范围内；小于500m的边长观测值，其标准差全部小于仪器指标估算的中误差，最小值为CS09→CS10的测边边长的标准差，为仪器指标估算中误差的1/6.93。由此可见，在本网中，当使用仪器标称精度估算短边的测距中误差进行平差计算的定权，在分配闭合差时，各短边的改正数会出现系统性的干扰。

根据观测文件（本书2.3.4.2三角形网常规平差）查看"科傻"常规平差方

法计算成果,各测边的改正数见表2-15。

距离平差结果表(常规平差方法)　　　　　表2-15

自	至	类型	边长观测值 (m)	中误差 (cm)	改正数 (cm)	改正后边长观测值 (m)
XX05	XX06	S	771.6926	0.13	0.46	771.6973
XX05	CS10	S	1052.5165	0.15	0.85	1052.5251
XX05	CS09	S	1021.6899	0.14	1.02	1021.7001
XX05	XX07	S	1153.9471	0.15	−0.12	1153.9459
XX06	CN12	S	136.5892	0.08	−0.26	136.5866
XX06	CN10	S	175.4662	0.08	−0.32	175.4630
XX06	XX07	S	750.8948	0.12	−0.14	750.8934
XX06	CS09	S	633.2302	0.12	0.10	633.2312
XX06	CS07	S	578.1265	0.11	0.18	578.1284
XX07	CN12	S	691.5640	0.12	0.02	691.5642
XX07	CN10	S	634.8752	0.12	0.58	634.8810
XX07	CN13	S	687.4987	0.12	0.12	687.4999
CS07	CS10	S	79.9667	0.08	−0.05	79.9662
CS07	CS09	S	57.4163	0.07	−0.09	57.4154
CS09	CN12	S	589.1979	0.11	−0.01	589.1979
CS09	CN13	S	590.2656	0.11	0.04	590.2660
CS09	CS10	S	35.0783	0.07	−0.06	35.0777
CS10	CN12	S	590.1827	0.11	−0.14	590.1813
CS10	CN10	S	534.8845	0.11	0.46	534.8892
CS10	CN13	S	589.1605	0.11	−0.12	589.1594
CN10	CN13	S	56.3708	0.07	0.04	56.3712
CN12	CN13	S	35.1371	0.07	−0.1	35.1361

从表2-15可以看出,各短边的边长改正数处于0.4~3.2mm之间,显然与其观测值可靠性的吻合度不高。

根据表2-13、表2-14中的观测值统计学精度重新编写多组精度的观测文件,编制格式按"科傻"平差软件说明书编写,具体数据如图2-14~图2-17所示。图中,已知点坐标的前三位数值以"*"代替,进行控制点坐标的保密处理。

```
0.5, 1.7, 0, 1
2.5, 0.51, 0, 2
1.7, 0.26, 0, 3
0.5, 1.92, 0, 4
0.59, 0.74, 0, 5
1.85, 1.5, 0, 6
0.69, 0.15, 0, 7
0.38, 1.98, 0, 8
1.21, 0.26, 0, 9
0.5, 1.99, 0, 10
0.68, 1.98, 0, 11
0.75, 1.27, 0, 12
0.72, 1.08, 0, 13
0.76, 1.73, 0, 14
0.5, 0.15, 0, 15
0.84, 1.69, 0, 16
0.95, 0.51, 0, 17
0.4, 0.79, 0, 18
0.44, 1.11, 0, 19
0.8, 1.1, 0, 20
0.5, 2.21, 0, 21
0.89, 1.69, 0, 22
0.89, 1.98, 0, 23
0.66, 1.99, 0, 24
0.5, 1.08, 0, 25
1.28, 1.11, 0, 26
0.89, 0.78, 0, 27
1.21, 0.2, 0, 28
0.5, 0.78, 0, 29
0.92, 0.78, 0, 30
0.52, 1.98, 0, 31
0.8, 1.92, 0, 32
0.98, 1.7, 0, 33
0.62, 2.21, 0, 34
0.5, 0.38, 0, 35
1.14, 1.27, 0, 36
1.56, 0.79, 0, 37
1.53, 0.74, 0, 38
1.07, 0.78, 0, 39
0.5, 1.73, 0, 40
1.05, 1.1, 0, 41
1.65, 1.5, 0, 42
1.74, 0.2, 0, 43
```

```
0.9, 0.38, 0, 44
XX05, ***7314.244, ***408.861
XX06, ***6883.154, ***048.922
XX07, ***6204.925, ***726.670
CS07
XX06, L, 0, 1
CS10, L, 140.01568, 2
CS09, L, 162.54096, 3
XX06, S, 578.1256, 1
CS10, S, 79.9672, 2
CS09, S, 57.4164, 3
CS09
XX06, L, 0, 4
CN12, L, 12.09044, 5
CN13, L, 15.33493, 6
CS10, L, 102.03145, 7
XX05, L, 311.01406, 8
CS07, L, 344.25488, 9
XX06, S, 633.2316, 4
CN12, S, 589.1984, 5
CN13, S, 590.2642, 6
CS10, S, 35.0782, 7
XX05, S, 1021.6914, 8
CS07, S, 57.4162, 9
XX07
XX05, L, 0, 10
XX06, L, 41.23542, 11
CN12, L, 51.11330, 12
CN10, L, 52.20201, 13
CN13, L, 54.05333, 14
XX05, S, 1153.9491, 10
XX06, S, 750.8962, 11
CN12, S, 691.5653, 12
CN10, S, 634.8766, 13
CN13, S, 687.4999, 14
CS10
CS09, L, 0, 15
XX05, L, 28.02581, 16
CS07, L, 39.30181, 17
CN12, L, 86.41256, 18
CN10, L, 88.32507, 19
CN13, L, 90.06128, 20
CS09, S, 35.0784, 15
```

图 2-14 统计学精度观测文件(第 1 页)　　图 2-15 统计学精度观测文件(第 2 页)

```
XX05，S，1052.5181，16
CS07，S，79.9662，17
CN12，S，590.1835，18
CN10，S，534.8858，19
CN13，S，589.1596，20
XX05
XX06，L，0，21
CS10，L，37.19212，22
CS09，L，38.14517，23
XX07，L，40.03095，24
XX06，S，771.6912，21
CS10，S，1052.5150，22
CS09，S，1021.6884，23
XX07，S，1153.9452，24
CN10
XX07，L，0，25
CS10，L，5.25439，26
XX06，L，125.41252，27
CN13，L，201.55036，28
XX07，S，634.8738，25
CS10，S，534.8833，26
XX06，S，175.4669，27
CN13，S，56.3710，28
XX06
CN12，L，0，29
CN10，L，16.05202，30
XX07，L，59.27298，31
CS09，L，65.13383，32
CS07，L，66.45169，33
```

图 2-16 统计学精度观测文件(第 3 页)

```
XX05，L，158.00278，34
CN12，S，136.5899，29
CN10，S，175.4656，30
XX07，S，750.8934，31
CS09，S，633.2288，32
CS07，S，578.1275，33
XX05，S，771.6941，34
CN12
CN13，L，0，35
XX07，L，81.54348，36
CS10，L，86.37419，37
CS09，L，90.02093，38
XX06，L，192.39283，39
CN13，S，35.1367，35
XX07，S，691.5628，36
CS10，S，590.1820，37
CS09，S，589.1975，38
XX06，S，136.5885，39
CN13
XX07，L，0，40
CS10，L，5.13522，41
CS09，L，8.38167，42
CN10，L，20.09514，43
CN12，L，95.11280，44
XX07，S，687.4975，40
CS10，S，589.1615，41
CS09，S，590.2670，42
CN10，S，56.3707，43
CN12，S，35.1375，44
```

图 2-17 统计学精度观测文件(第 4 页)

该观测文件对每个边长和角度的观测值进行了单独的精度设置，依此对观测值进行定权并参与平差计算。平差后各测边的方位角及边长的平差结果和精度见表 2-16。

网点间边长、方位角及其相对精度表（统计学精度平差）　　　表2-16

自	至	方位角 (d.ms)	方位角中误差 (sec)	边长 (m)	测距中误差 (cm)	测量相对 中误差
XX05	CS10	161.165843	0.13	1052.5250	0.07	1533000
XX05	CS09	162.122844	0.12	1021.6996	0.07	1463000
XX06	CN12	145.572073	0.42	136.5871	0.04	315000
XX06	CN10	162.024033	0.38	175.4648	0.04	451000
XX06	CS09	211.105729	0.27	633.2315	0.04	1562000
XX06	CS07	212.423671	0.29	578.1280	0.04	1327000
XX07	CN12	35.122862	0.13	691.5634	0.03	2365000
XX07	CN10	36.211620	0.13	634.8800	0.03	2022000
XX07	CN13	38.063008	0.13	687.4989	0.03	2201000
CS07	XX06	32.423671	0.29	578.1280	0.04	1327000
CS07	CS10	172.442722	0.63	79.9674	0.02	400000
CS07	CS09	195.364241	0.83	57.4162	0.02	326000
CS09	XX06	31.105729	0.27	633.2315	0.04	1562000
CS09	CN12	43.200016	0.31	589.1976	0.03	1711000
CS09	CN13	46.444590	0.31	590.2657	0.04	1669000
CS09	CS10	133.140696	0.51	35.0782	0.01	324000
CS09	XX05	342.122844	0.12	1021.6996	0.07	1463000
CS09	CS07	15.364241	0.83	57.4162	0.02	326000
CS10	CS09	313.140696	0.51	35.0782	0.01	324000
CS10	XX05	341.165843	0.13	1052.5250	0.07	1533000
CS10	CS07	352.442722	0.63	79.9674	0.02	400000
CS10	CN12	39.553331	0.31	590.1810	0.03	1707000
CS10	CN10	41.465864	0.34	534.8887	0.04	1437000
CS10	CN13	43.202082	0.31	589.1589	0.04	1658000
CN10	XX07	216.211620	0.13	634.8800	0.03	2022000
CN10	CS10	221.465864	0.34	534.8887	0.04	1437000
CN10	XX06	342.024033	0.38	175.4648	0.04	451000
CN10	CN13	58.161819	0.98	56.3711	0.01	393000
CN12	CN13	133.175522	0.62	35.1372	0.03	125000

续上表

自	至	方位角 (d.ms)	方位角中误差 (sec)	边长 (m)	测距中误差 (cm)	测量相对 中误差
CN12	XX07	215.122862	0.13	691.5634	0.03	2365000
CN12	CS10	219.553331	0.31	590.1810	0.03	1707000
CN12	CS09	223.200016	0.31	589.1976	0.03	1711000
CN12	XX06	325.572073	0.42	136.5871	0.04	315000
CN13	XX07	218.063008	0.13	687.4989	0.03	2201000
CN13	CS10	223.202082	0.31	589.1589	0.04	1658000
CN13	CS09	226.444590	0.31	590.2657	0.04	1669000
CN13	CN10	238.161819	0.98	56.3711	0.01	393000
CN13	CN12	313.175522	0.62	35.1372	0.03	125000

从表2-16可以看出,对所有观测数据设置独立的精度后平差,所有的短边的边长相对中误差均优于1/120000。其最弱边CN12→CN13的相对中误差为1/125000,满足二等三角形网的要求。进一步查看各测边的距离平差结果的改正数见表2-17。

距离平差结果表(统计学精度平差) 表2-17

自	至	类型	边长观测值 (m)	中误差 (cm)	改正数 (cm)	改正后边长观测值 (m)
XX05	XX06	S	771.6930	0.16	0.43	771.6973
XX05	CS10	S	1052.5165	0.12	0.86	1052.5250
XX05	CS09	S	1021.6889	0.17	1.08	1021.6996
XX05	XX07	S	1153.9466	0.15	−0.07	1153.9459
XX06	CN12	S	136.5888	0.07	−0.17	136.5871
XX06	CN10	S	175.4662	0.06	−0.15	175.4648
XX06	XX07	S	750.8952	0.14	−0.17	750.8934
XX06	CS09	S	633.2296	0.15	0.19	633.2315
XX06	CS07	S	578.1271	0.14	0.09	578.1280
XX07	CN12	S	691.5636	0.10	−0.01	691.5634
XX07	CN10	S	634.8757	0.08	0.43	634.8800
XX07	CN13	S	687.4992	0.13	−0.03	687.4989

续上表

自	至	类型	边长观测值 (m)	中误差 (cm)	改正数 (cm)	改正后边长观测值 (m)
CS07	CS10	S	79.9671	0.05	0.03	79.9674
CS07	CS09	S	57.4163	0.02	−0.01	57.4162
CS09	CN12	S	589.1976	0.07	0.00	589.1976
CS09	CN13	S	590.2654	0.11	0.02	590.2657
CS09	CS10	S	35.0783	0.01	0.00	35.0782
CS10	CN12	S	590.1821	0.07	−0.11	590.1810
CS10	CN10	S	534.8836	0.10	0.52	534.8887
CS10	CN13	S	589.1608	0.08	−0.19	589.1589
CN10	CN13	S	56.3708	0.01	0.03	56.3711
CN12	CN13	S	35.1373	0.03	−0.01	35.1372

其短边的改正数范围为 0~1.7mm,尤其是边长小于 100m 的超短边,其边长改正数均在亚毫米级。与常规平差方法结果(表 2-15)相比,显然其与实际观测值的可靠性更为吻合。

最终,统计学精度与仪器指标估算精度两种方式平差的控制点坐标对比结果见表 2-18。

坐标平差结果对比表 表 2-18

点号	统计学估算精度平差结果		仪器指标估算精度平差结果		较差		备注
	X (m)	Y (m)	X (m)	Y (m)	ΔX (mm)	ΔY (mm)	
XX05	***7314.2440	***408.8610	***7314.2440	***408.8610	—	—	已知点
XX06	***6883.1540	***048.9220	***6883.1540	***048.9220	—	—	已知点
XX07	***6204.9250	***726.6700	***6204.9250	***726.6700	—	—	已知点
CS07	***6396.7087	***736.5074	***6396.7077	***736.5082	−1.0	0.8	加密点
CS09	***6341.4107	***721.0556	***6341.4105	***721.0566	−0.2	1.0	加密点
CS10	***6317.3822	***746.6118	***6317.3824	***746.6123	0.2	0.5	加密点
CN10	***6716.2350	***103.0139	***6716.2366	***103.0133	1.6	−0.6	加密点
CN12	***6769.9772	***125.3879	***6769.9779	***125.3882	0.7	0.3	加密点
CN13	***6745.8801	***150.9604	***6745.8817	***150.9600	1.6	−0.4	加密点

注:坐标的前三位数值以"*"代替,进行控制点坐标的保密处理。

2.3.4.4 三角形网中相邻边边长观测值变化对超短边边长改正数影响的敏感性分析

为了进一步分析相邻边边长观测值的变化对超短边边长改正数的敏感性，下面将减少控制网的点数进行模拟计算，只保留与XX06、XX07、CN10、CN13相关的测站数据，组成只有2个三角形的网形结构。其统计学精度设置的观测文件如图2-18、图2-19所示。

```
0.68，1.98，0，1
0.72，1.08，0，2
0.76，1.73，0，3
0.5，1.08，0，4
0.89，0.78，0，5
1.21，0.2，0，6
0.92，0.78，0，7
0.52，1.98，0，8
0.5，1.73，0，9
1.74，0.2，0，10
XX06，***6883.154，***048.922
XX07，***6204.925，***726.670
XX07
XX06，L，41.23542，1
CN10，L，52.20201，2
CN13，L，54.05333，3
XX06，S，750.8962，1
CN10，S，634.8766，2
CN13，S，687.4999，3
```

```
CN10
XX07，L，0，4
XX06，L，125.41252，5
CN13，L，201.55036，6
XX07，S，634.8738，4
XX06，S，175.4669，5
CN13，S，56.3710，6
XX06
CN10，L，16.05202，7
XX07，L，59.27298，8
CN10，S，175.4656，7
XX07，S，750.8934，8
CN13
XX07，L，0，9
CN10，L，20.09514，10
XX07，S，687.4975，9
CN10，S，56.3707，10
```

图2-18 模拟网观测文件(第1页)　　　　图2-19 模拟网观测文件(第2页)

使用仪器指标估算精度的常规平差观测数据不再具体列出，仅仅只是在上述数据的基础上稍做调整和删减。

模拟计算网形图如图2-20所示。

在闭合差满足限差要求的情况下，改变超短边 CN10→CN13 相邻长边 XX07→CN10 的边长观测值(图2-18、图2-19中加粗数据)，模拟试算其变化值对CN10→CN13平差改正数的影响,对比两种观测值精度估算方式的影响值,并分析两种方式的敏感性差异。

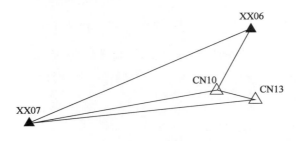

图2-20　模拟计算网形图

具体试算过程可根据上述数据自行试算及调整,最终对比结果见表2-19。

CN10→CN13平差后边长改正数　　　　　　　　　表2-19

XX07→CN10边长变化值(mm)	0	10	20	30	-10	-20	-30
根据仪器指标估算精度平差(mm)	0.4	-0.1	-0.6	-1.1	1.0	1.5	2.0
根据统计学估算精度平差(mm)	0.0	0.0	0.0	-0.1	0.1	0.1	0.1

从表2-19中可以明显看出,根据统计学估算观测值精度的方法,其超短边的改正数更为稳定,不易受相邻长边的变化影响,这也与实际的观测值各测回数据的离散度相吻合。

其根本原因在于:边长距离观测时,在统计学精度上,超短边距离的精度远高于长边距离的精度,甚至达到了数量级的差异,参与平差时导致其权重相当大,所以超短边的边长改正数不易受相邻长边观测值变化的影响。而在仪器指标估算精度的情况下,超短边的距离精度与相邻长边的距离精度基本在一个数量级上,其边长改正数易受到相邻长边的影响。

2.3.4.5　三角形网平差超短边精度估算的简化处理

根据上述秭归长江大桥加密网的观测数据,对所有观测值进行统计学精度的计算,内业整理的工作量较大,现考虑仅对短边(小于500m)的边长数据进行统计学方法的精度估算,其他观测值的数据仍使用仪器指标估算精度进行平差,并与完全的统计学方法估算精度平差结果对比。具体的观测值数据不再罗列,读者可根据上述数据自行改写,最终对比结果见表2-20。

完全统计学估算精度与短边统计学估算精度平差结果对比表　　表2-20

点号	统计学估算所有观测值精度平差		统计学估算短边测距精度平差		较差		备注
	X (m)	Y (m)	X (m)	Y (m)	ΔX (mm)	ΔY (mm)	
XX05	***7314.2440	***408.8610	***7314.2440	***408.8610	—	—	已知点
XX06	***6883.1540	***048.9220	***6883.1540	***048.9220	—	—	已知点
XX07	***6204.9250	***726.6700	***6204.9250	***726.6700	—	—	已知点
CS07	***6396.7087	***736.5074	***6396.7080	***736.5082	-0.7	0.8	加密点
CS09	***6341.4107	***721.0556	***6341.4102	***721.0562	-0.5	0.6	加密点
CS10	***6317.3822	***746.6118	***6317.3817	***746.6123	-0.5	0.5	加密点
CN10	***6716.2350	***103.0139	***6716.2355	***103.0141	0.5	0.2	加密点
CN12	***6769.9772	***125.3879	***6769.9771	***125.3884	-0.1	0.5	加密点
CN13	***6745.8801	***150.9604	***6745.8803	***150.9606	0.2	0.2	加密点

注:坐标的前三位数值以"*"代替,进行控制点坐标的保密处理。

与表2-18的坐标平差结果对比表相比较可以发现,如果将完全统计学估算精度的平差结果作为最或然值,则将短边进行统计学精度估算的平差结果较仅使用仪器指标估算精度的平差结果更接近最或然值,且其平差后最短边的边长相对中误差也满足二等三角形网的1/120000的要求。

因此,此简化处理的方式可行。这种方法尤其适用于超短边数量较少的高等级三角形网的情况,既满足了超短边平差结果的边长相对中误差的要求,同时也并未增加过多的内业数据整理工作量。

2.3.5　小结

综上所述,在有超短边的高等级三角形网的平差计算中,使用统计学估算观测值中误差的方式,较常规的使用仪器标称精度统一估算观测值精度的方式更具有优势和合理性,且能够有效避免使用距离中误差的绝对值来代替正常的边长相对中误差的妥协式的短边成果评价方式。

另外，对于高等级三角形网测量工作，还需进行测距边的长度和方向的投影改化、水平角的垂线偏差修正，本书不再赘述。同时，还要注意相邻点的仰角不宜过大，否则测距边两端高差越大，对测距边的精度影响越大。该影响因素正是符合本书案例中受山区峡谷的地理环境状况影响，导致了部分超短边观测值的统计学标准差大于预期，因此其与长边观测值的统计学标准差并没有数量级上的差异。

此外，本书案例中已公开所有与平差计算相关的数据，读者也可自行验算。

2.4 测量控制网投影变形处理技术

2.4.1 技术背景

控制网是确保现代桥梁施工过程中整体及关键性结构准确达到设计位置和满足相关要求的基础，在桥梁建设中起着至关重要的作用。

与工程测量有关的规范或标准均对控制网提出了明确的长度变形要求，测区内投影长度变形不大于25mm/km；国家强制性规范中明确，对于大型的有特殊精度要求的工程测量项目或新建城市平面控制网，坐标系统可进行专项设计。而《公路勘测规范》(JTG C10—2007)等相关标准进一步提出，大型构造物平面控制测量坐标系，其投影长度变形值不应大于1cm/km。近年来，长大线路工程项目、装配式桥梁制造安装项目以及高精度测量要求项目大量增加，对控制网的长度投影变形均有较高的标准要求。

我国的地图投影多使用高斯-克吕格投影，属于等角投影，能够较好地保持地球表面地物的角度和形状，而在施工测量实践中需要首先考虑长度投影变形。控制网的长度投影变形越小，现场施工测量工作的系统性偏差就越小。在不同高程的投影面，控制网长度投影变形会有差异。而在山区河谷等地形起伏较大的区域，控制点高差较大，其边长长度投影变形更需要关注。同时，高斯投影的长度变形与经差和纬度有关。在经差固定的情况下，投影长度变形关于赤道对称,在赤道处达到最大,随着远离赤道而逐渐减小;在纬度固定的情况下,投影长度变形关于中央经线对称,随着经差的增大,长度变形逐渐增大。在投影面高程、经差和纬度的共同影响下,具体到实际的项目,各区段实测的边长变形值均不一样。

施工单位在进场时,组织对设计单位交付的控制网成果进行复测,一方面检查交桩控制点是否发生位移、沉降等变化,另一方面需要验证控制网长度变形是否满足本项目施工精度要求。若存在点的位移或沉降,经检核无误后更新设计交桩成果即可;若存在控制网长度变形或精度等级不满足项目要求,则需要上报监理及建设单位,由设计单位重新交付满足项目要求的控制网成果。

而在施工实践中,施工单位已进场开展前期施工准备工作,时间紧迫,存在需要对控制网进行局部优化的情况。对于控制网精度等级不满足项目要求的情形,需在对约束基准点进行稳定性分析后,重新复测。而对于控制网长度变形不满足项目要求时,其影响因素较为复杂,需要根据实际情况采取不同的方式进行优化处理。

2.4.2 控制网优化方案及实例

2.4.2.1 "一点一方向"法控制网改造

"一点一方向"法是一种在大型桥梁工程控制网改造中常用的方法,即:在基于国家或线路坐标系统的桥梁施工独立坐标系统中,以施工控制网中一个稳定的控制点(宜为桥中线点)的坐标作为起算坐标,以该点至另一点(宜为桥中线点)坐标方位角为起始方向,从而确定其他控制点坐标的方法。这样可以保证测量数据的一致性和准确性,从而提高整个控制网的质量。

该方法尤其适用于大跨径桥梁在原有的线路控制网的基础上进一步提高其精度等级的情况。采用"一点一方向"法改造控制网,可以有效提高控制网的精度,并大幅减弱或消除线路控制网在本区域内的长度变形,确保为大跨径桥梁(如千米级长江大桥)提供一个高精度的测量基准。

以安九铁路鳊鱼洲长江大桥为例,该项目线路精密平面控制网(精测网)的精度为二等GNSS控制网(图2-21),其线路控制网精度不能满足该项目的施工需要。为满足工程建设的特殊性需求,采用"一点一方向"法,建立依附于原线路精测网的桥梁施工独立坐标系。具体做法为:以桥位附近稳定的某一个控制点的平面坐标作为起算坐标,该点至附近另外一个点的坐标方位角为起始方向,尺度归算至桥轴线平均子午线经度,投影变形归化至桥梁平均轨底高程面,椭球参数及中央子午线与线路精测网相同。

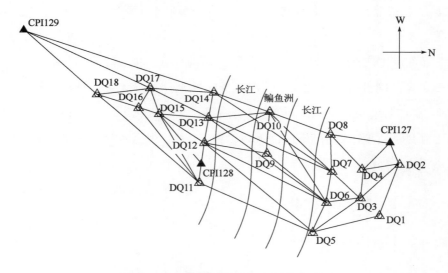

图2-21 安九铁路鳊鱼洲长江大桥测量控制网

该GNSS控制网基线计算完成,各项指标满足要求后,再按"一点一方向"法进行平差,以线路CPI控制点CPI127作为起算坐标,以CPI127至CPI129的坐标方位角198°44′28.34″作为起算方位角,尺度归算至测区平均子午线经度115°51′42″,投影面正常高52m,解算出各控制点在桥梁施工坐标系中的坐标。

平差后将CPI128、CPI129的平差结果与线路控制成果进行对比,其比较结果见表2-21。

优化前后坐标对比表　　　　表2-21

点号	优化后成果(m)		线路控制网成果(m)		成果互差(mm)	
	X	Y	X	Y	ΔX	ΔY
CPI127	***4186.575	***659.064	***4186.575	***659.064	0	0
CPI128	***0693.675	***639.2821	***0693.662	***639.2958	13.2	−13.7
CPI129	***8109.885	***597.346	***8109.866	***597.3395	19.3	6.5

注：坐标的前三位数值以"*"代替，进行控制点坐标的保密处理。

优化后将该GNSS控制网从铁路二等提高到铁路一等，并对相关的线路控制网进行更新，使其控制网长度变形从25ppm以内提升到10ppm以内。

值得注意的是，长大线路的项目往往由多个标段组成，通过"一点一方向"的方式提高局部GNSS网的等级、减小长度投影变形，但必然会造成与线路控制网不统一的现象，引起与相邻标段存在衔接偏差。控制网提级改造后，应注意与相邻标段的平顺衔接，消化因控制网不统一造成的系统误差。

2.4.2.2　任意基准点缩放法

任意基准点缩放法是"一点一方向"法控制网改造的拓展。

由于"一点一方向"法选取的已知点一般在桥头轴线附近，坐标系改造后在已知点这一端附近的其他控制点坐标相对于原坐标变化较小，而桥梁另一端的控制点坐标相对于原坐标变化较大，其坐标差不能在该局部控制网中合理分配，不利于整条线路的顺接。同时，如果存在曲线上连续几座桥梁或隧道需要在线路控制网的基础上共同建立统一的满足长度变形要求的局部控制网，采用"一点一方向"法的操作流程较为烦琐，操作难度较大，可以采取任意基准点缩放法，进行控制网改造。

任意基准点缩放法需要事先获取控制网长度变形参数，再选取合适的基准点，对区域内控制网进行长度缩放，完成控制网的改造。

具体步骤如下：

(1)根据需要选取一基准点及其原网坐标，该基准点可以根据实际情况选取现有的控制网的点位，也可以是虚拟的桥梁设计中点、桥墩设计中点。

（2）获取原控制网的长度变形参数,该参数经测距验证无误后方可使用。

（3）根据基准点在原控制网中的平面坐标、长度变形参数,通过坐标转换公式,计算所有控制点在新控制网中的平面坐标。

坐标转换公式为：

$$\begin{cases} X = (1/m) \times (X_{原} - X_0) + X_0 \\ Y = (1/m) \times (Y_{原} - Y_0) + Y_0 \end{cases} \quad (2\text{-}15)$$

式中：X——控制点在改造后控制网中的纵坐标；

Y——控制点在改造后控制网中的横坐标；

$X_{原}$——控制点在原控制网中的纵坐标；

$Y_{原}$——控制点在原控制网中的横坐标；

X_0——基准点在原控制网中的纵坐标；

Y_0——基准点在原控制网中的横坐标；

m——原控制网的长度变形参数。

具体案例如下。

某大型桥梁项目设计交桩控制点平面坐标见表2-22。

某大型桥梁项目设计交桩控制点平面坐标表 表2-22

控制桩编号	$X(\text{m})$	$Y(\text{m})$
C7	***9110.931	***088.693
C3	***0410.565	***825.844
C4	***9936.112	***925.946
C1	***9757.724	***282.203
C2	***0407.636	***093.821

注：坐标的前三位数值以"*"代替,进行控制点坐标的保密处理。

施工单位按规范要求进行控制网复测,经过GNSS静态复测解算后,发现若以桥址处经度为中央子午线,桥面平均高程为投影面高程,最终其坐标系投影长度变形尺度为−142ppm（即控制网长度变形参数 $m = 1 - 0.000142 = 0.999858$）,远不满足规范在10ppm以内的要求。该控制网尺度变形会显著影响桥梁下部结构放样跨径,从而导致与钢梁的制造跨径不匹配。

进一步分析发现,在勘察设计阶段采用的当地城市独立坐标系,其中央子午线经度与桥址处经度相差不大,但投影面高程却采用平均海平面高程(沿用自国家基本比例尺地图),未考虑当地高程与平均海平面高程的较大差异,未建立工程独立坐标系。

根据《铁路工程测量规范》(TB 10101—2018),归算到工程独立坐标系投影高程面上的测距边长度公式为:

$$D_1 = D_0 \left(1 + \frac{H_0 - H_m}{R_A}\right) \tag{2-16}$$

式中:D_1——归算到投影高程面上的测距边长度(m);

D_0——测距边两端平均高程面上的平距(m);

H_0——工程独立坐标系投影面高程(m);

H_m——测距边两端点的平均高程(m);

R_A——参考椭球体在测距边方向的法截弧曲率半径(m)。

根据式(2-16)简单代入非精确数值,对测距投影至平均海平面高程进行长度变形的近似估算。本项目中,取 $H_0 = 0$,$H_m = 900$,$R_A = 6378137\text{m}$(地球长半轴数值),则估算其长度变形比值 $\left(1 + \frac{H_0 - H_m}{R_A}\right) = 0.999859$,与上文静态解算结果的长度变形值 $m = 0.999858$ 基本吻合,即长度变形达到了141ppm,远不能满足不大于10ppm的要求,显著影响了大型桥梁施工测量。

为了确保工程建设质量,消除长度变形,同时保证工程线路中主要结构的角度和走向不变,对控制网在GNSS静态复测成果的基础上进行改造。控制网改造的基点,选用该工程重点控制的主体结构中心点的坐标(X_0 = ***9709.248,Y_0 = ***010.354),各控制点以此基点,反向修正长度变形参数,即:$1/m$ = 1.000142,更新坐标转换公式为:

$$\begin{cases} X = (X_\text{原} - ***9709.248) \times 1.000142 + ***9709.248 \\ Y = (Y_\text{原} - ***010.354) \times 1.000142 + ***010.354 \end{cases} \tag{2-17}$$

坐标转换后控制点坐标见表2-23。

控制网改造后坐标表　　　　　　　　　表2-23

点号	原坐标X(m)	原坐标Y(m)	改造坐标X(m)	改造坐标Y(m)	ΔX(m)	ΔY(m)
C7	***9110.931	***088.693	***9110.846	***088.562	−0.085	−0.131
C3	***0410.565	***825.844	***0410.664	***825.676	0.099	−0.168
C4	***9936.112	***925.946	***9936.144	***925.792	0.032	−0.154
C1	***9757.724	***282.203	***9757.731	***282.242	0.007	0.039
C2	***0407.616	***093.821	***0407.735	***093.833	0.099	0.012

注：坐标的前三位数值以"*"代替，进行控制点坐标的保密处理。

将转换后的控制点坐标重新代入 GNSS 网平差，解算得到其余各点坐标，其内符合性好。同时，将更新后反算的各控制点间平面距离同现场实测距离对比，符合性好。

最终成果满足施工坐标系长度变形要求，未改变原线路走向，同时合理分配了各控制点改造前后的变化值：越接近该工程重点控制的主体结构中心的控制点，其坐标变化值越小。

在没有相邻标段贯通的情况下，该方法相对于"一点一方向"法更具灵活性和适用性，能够实现对测区内控制点变化幅度分布的主动控制。值得注意的是，使用该方法改造后的坐标成果应重新进行 GNSS 网平差验证其内符合性，并对现场实测距离进行检核。

2.4.2.3　坐标映射法

将式(2-15)增加旋转参数，即可得到：

$$\begin{cases} X = X_0 + n \times [(X_\text{原} - X_0)\cos\beta + (Y_\text{原} - Y_0)\sin\beta] \\ Y = Y_0 + n \times [(Y_\text{原} - Y_0)\cos\beta - (X_\text{原} - X_0)\sin\beta] \end{cases} \tag{2-18}$$

式中：X——控制点在改造后控制网中的纵坐标；

Y——控制点在改造后控制网中的横坐标；

$X_\text{原}$——控制点在原控制网中的纵坐标；

$Y_\text{原}$——控制点在原控制网中的横坐标；

X_0——基准点在原控制网中的纵坐标；

Y_0——基准点在原控制网中的横坐标;

n——原控制网需要反向修正的长度变形参数;

β——原控制网需要旋转的角度。

此方法应用较少,案例并不常见。下面结合具体案例阐述此方法的应用。

某长江公路大桥设计要素及坐标均为北京54坐标系,中央子午线经度为111°,但桥址处经度为110°45′,距离中央子午线经差15′,投影长度变形偏大,不满足规范不大于10mm/km的要求。

设计单位提供了两套控制点坐标,一套采用北京54坐标系,另一套采用工程独立坐标系。设计线路坐标采用了北京54坐标系,但长度投影变形较大;工程独立坐标系可满足长度投影变形要求,但其中央子午线经度为110°45′,其横坐标与线路设计坐标存在约23km的差异,无法直接用于施工测量。如果使用设计图纸上的坐标进行测量放样工作,则需要对控制网进行优化改造。

改造思路为:将工程独立坐标系的控制点坐标等长度等夹角转换至北京54坐标系中,作为施工起算坐标,具体过程如下:

(1)设计交桩的两套控制点平面坐标见表2-24。

某项目设计交桩坐标表　　　　　　　　　　　　　　　　表2-24

坐标系 点名	工程独立坐标系 a		北京54坐标系 b	
	X_a(m)	Y_a(m)	X_b(m)	Y_b(m)
W01	***8936.0788	***946.5799	***8960.6793	***065.3641
W02	***8622.5102	***607.3949	***8645.6394	***725.4482
W03	***8442.3719	***790.8054	***8467.3423	***908.4868
W04	***7762.3747	***488.3310	***7785.8064	***604.4574
W05	***7288.1145	***293.7726	***7314.2475	***408.8827
W06	***6858.4630	***934.8001	***6883.1743	***048.9198
W07	***6179.5125	***614.0723	***6204.9707	***726.6799
W08	***6425.8448	***173.8035	***6454.5260	***287.0220
W09	***8124.5952	***816.2413	***8149.5208	***933.2083
W10	***8331.9941	***577.1027	***8355.2030	***694.5048
W11	***7377.7623	***866.4641	***7402.6052	***981.7521

续上表

坐标系 点名	工程独立坐标系 a		北京54坐标系 b	
	X_a(m)	Y_a(m)	X_b(m)	Y_b(m)
W12	***7292.6816	***422.2928	***7316.2800	***537.3674
W13	***6237.2068	***472.8628	***6262.9790	***585.6057
W14	***6095.3583	***395.5031	***6121.3103	***507.9305

注：坐标的前三位数值以"*"代替，进行控制点坐标的保密处理。

（2）两套坐标均不能直接用于现场测量放样，需要进行施工控制网改造，既要与设计坐标系匹配，又能满足本工程坐标系长度变形的要求。

（3）选取本区域中心位置附近的控制点 W11 为基准点，分别计算坐标系 a 中各点到 W11 的距离 D_{ai} 和坐标系 b 中各点到 W11 的距离 D_{bi}，并按式（2-19）计算其比值 n_i：

$$n_i = \frac{D_{bi}}{D_{ai}} \quad (2\text{-}19)$$

将控制网中各边长上述比值取算术平均值，作为工程独立坐标系 a 到北京54坐标系 b 的长度变形参数，即：

$$n = \overline{\sum n_i} \quad (2\text{-}20)$$

将独立坐标系 a、北京54坐标系 b 中计算的同名边长的比值求平均数，即 $n = \overline{\sum (b\text{中边长}/a\text{中边长})}$ 为工程独立坐标系 a 到北京54坐标系 b 的长度变形参数。经计算，$n = 0.999962186687$。

（4）分别计算两套控制网成果 a、b 中基准点 W11 到其他所有控制点的方位角 α_{ai}、α_{bi}，并计算同名点方位角在两套控制网成果中的差值，即：

$$\beta_i = \alpha_{bi} - \alpha_{ai} \quad (2\text{-}21)$$

以其算术平均值作为成果 a 转换到成果 b 的角度旋转参数，即：

$$\beta = \overline{\sum \beta_i} \quad (2\text{-}22)$$

经计算，$\beta = -0.0022453784$（弧度）。

（5）根据式（2-18），独立坐标系 a 到北京54坐标系 b 的映射公式为：

$$\begin{cases} X_b = 7402.6052 + n \times [(X_a - 7377.7623)\cos\beta + (Y_a - 40866.4641)\sin\beta] \\ Y_b = 16981.7521 + n \times [(Y_a - 40866.4641)\cos\beta - (X_a - 7377.7623)\sin\beta] \end{cases}$$

(2-23)

式中,$\beta = -0.0022453784$(弧度);$n = 0.999962186687$。

(6)将独立坐标系 a 中所有控制点坐标代入映射公式(2-23)中,计算出坐标,与北京54坐标系 b 中的同名点坐标进行对比。经计算对比,其结果差异最大值为0.9mm,映射公式与坐标系 a、b 匹配性良好。

(7)将映射公式中的长度变形参数 n 锁定为1,角度旋转参数 β 值代入式(2-23),将工程独立坐标系 a 的控制点坐标等长度等夹角转换至北京54坐标系 b,即:

$$\begin{cases} X_b = 7402.6052 + 1 \times [(X_a - 7377.7623)\cos\beta + (Y_a - 40866.4641)\sin\beta] \\ Y_b = 16981.7521 + 1 \times [(Y_a - 40866.4641)\cos\beta - (X_a - 7377.7623)\sin\beta] \end{cases}$$

(2-24)

式中,$\beta = -0.0022453784$(弧度)。

将工程独立坐标系 a 中的各控制点坐标代入式(2-20),计算得到改造后的坐标系 c 中的平面坐标,并与北京54坐标系 b 中的坐标进行对比,结果见表2-25。

控制点坐标对比表　　　　　　　　　　　表2-25

坐标系	改造后坐标系 c		北京54坐标系 b		改造后 c-坐标系 b	
点号	X_c(m)	Y_c(m)	X_b(m)	Y_b(m)	ΔX(cm)	ΔY(cm)
W01	***8960.7379	***065.3667	***8960.6793	***065.3641	5.86	0.26
W02	***8645.6863	***725.4760	***8645.6394	***725.4482	4.69	2.78
W03	***8467.3820	***908.4840	***8467.3423	***908.4868	3.97	-0.28
W04	***7785.8203	***604.4810	***7785.8064	***604.4574	1.39	2.36
W05	***7314.2435	***408.8608	***7314.2475	***408.8827	-0.40	-2.19
W06	***6883.1538	***048.9219	***6883.1743	***048.9198	-2.05	0.21
W07	***6204.9251	***726.6704	***6204.9707	***726.6799	-4.56	-0.95
W08	***6454.4908	***286.9584	***6454.5260	***287.0220	-3.52	-6.36
W09	***8149.5490	***933.2063	***8149.5208	***933.2083	2.82	-0.20
W10	***8355.2389	***694.5315	***8355.2030	***694.5048	3.59	2.67
W11	***7402.6052	***981.7521	***7402.6052	***981.7521	0.00	0.00

续上表

坐标系 点号	改造后坐标系 c		北京54坐标系 b		改造后 c-坐标系 b	
	X_c(m)	Y_c(m)	X_b(m)	Y_b(m)	ΔX(cm)	ΔY(cm)
W12	***7316.2767	***537.3884	***7316.2800	***537.3674	-0.33	2.10
W13	***6262.9364	***585.5908	***6262.9790	***585.6057	-4.26	-1.49
W14	***6121.2619	***507.9128	***6121.3103	***507.9305	-4.84	-1.77

注：坐标的前三位数值以"*"代替，进行控制点坐标的保密处理。

从表2-25可以看出，W11点处于整个工程项目的中心位置，其他各控制点的坐标变化量基于坐标映射基准点W11的距离均匀分布。

最终控制网改造的成果与工程独立坐标系 a 的长度变形一致，并与北京54坐标系 b 的实际位置和方向匹配。改造后的控制网坐标系 c 与设计图纸坐标系匹配，不改变原设计工程线路在北京54坐标系 b 中的走向，同时满足坐标系长度变形的精度需求。因其选取的基准点位于控制网图形的中心区域，各控制点在改造后坐标系 c 与北京54坐标系 b 中的坐标差值在图形区域边缘均衡分配，横、纵坐标差异最大值分别为5.86cm和-6.36cm，其绝对值接近，有利于与相邻既有道路的衔接。

使用坐标映射法改造控制网，可以有针对性地解决坐标系角度和尺度同时存在问题的情况。需要注意的是，使用该方法依然需要将改造后的坐标成果重新进行GNSS网平差验证内符合性，并在现场测距进行检核。同时，如有相邻标段的衔接问题，仍应优先解决顺接问题。

2.4.3 保留尺度变形，统一管理系统误差

因长度变形引起的施工控制网的优化改造，势必会导致控制点坐标的变化，正如上文所述，控制网改造时仍应优先解决与相邻标段顺接的问题，如控制网改造与相邻标段贯通出现不可调和的矛盾时，则有两种解决方案：一种是上报监理及建设单位，由设计单位全盘考虑整条线路各标段的控制网，整网更新交桩成果；另一种就是在本标段内保留长度变形统一管理。

目前，在桥梁施工测量的基础结构放样中，GNSS-RTK因本身就能够保留尺度变形进行测量放样工作，在测量放样中被广泛使用。当使用全站仪进行测量

放样时,则需要单独进行参数设置,方可与控制网尺度变形相匹配。

使用全站仪保留长度变形尺度进行测量放样的步骤和要求如下:

(1)获取控制网长度变形参数。获取长度变形参数的方式有两种,一种是直接引用GNSS静态解算七参数中的尺度变形参数,另一种是通过公式计算。相关计算公式可参考《铁路工程测量规范》(TB 10101—2018)等规范中关于测距边长的归化投影计算的内容。

(2)全站仪长度变形参数设置。徕卡TPS1200全站仪设置界面如图2-22所示。

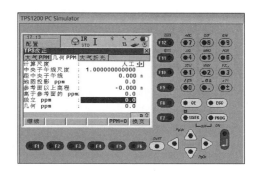

图2-22 徕卡TPS1200全站仪设置界面

(3)全站仪实测边长检核。

(4)评估其长度变形对桥梁的跨径和高度的影响,应在可接受范围内。

下面结合项目实践进行具体介绍:

某项目地处晋中盆地北缘,平均海拔800余米。该项目全长8.66km,全线共4个标段。其中,某标段全长688m,桥梁工程长516m,为28m、31m跨径混凝土现浇梁,桥墩最大高度为24m。该项目控制网平面坐标系为当地城市独立坐标系。

设计交桩成果见表2-26。

设计交桩成果表　　　　　　　　　　　　　　　　　表2-26

点号	X	Y	H
D4	***3334.513	***933.717	916.057
D5	***6580.573	***386.931	933.162

注:坐标的前三位数值以"*"代替,进行控制点坐标的保密处理。

为满足施工需求,施工单位在此基础上布设了5个加密点(CJ01~CJ05),并进行控制网复测(图2-23)。

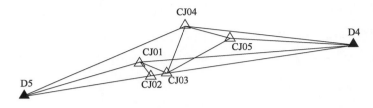

图2-23 控制网平面示意图

经GNSS静态复测及解算后,发现其缩放尺度为−176ppm,即每千米的坐标反算距离比实际距离短176mm。经现场实测对比,与该比例误差数据吻合,该项目交桩成果中存在的系统性长度变形,显著影响施工测量。

经咨询,设计建网时,设计人员直接套用了当地城市独立坐标系成果,未考虑本区域内投影面高程的影响,长度投影变形显著。而该项目涉及标段多,在各施工单位均已进场的情况下,不具备再对全线统一进行控制网改造的条件。

鉴于此,可考虑使用全站仪保留长度变形尺度进行测量放样。将保留尺度变形代入施工测量过程,在全站仪中设置本项目长度变形参数(−176ppm)。徕卡TPS1200系列及以上全站仪也具备直接设置距中央子午线的距离及参考面以上的高程。可自动计算得到几何缩放尺度,如图2-24所示。

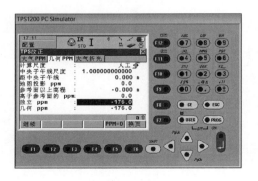

图2-24 徕卡TPS1200尺度变形设置

使用设置好的全站仪检核CJ01→CJ02→CJ03→CJ04→CJ05的边长,各边长观测值与GNSS网解算结果中坐标反算边长较差小于1mm,符合性好。

最后,估算尺度变形对工程实体结构尺寸的影响:桥跨分别为28m和31m,其影响值为5mm;最大墩高为24m,其影响值为4mm。从估算结果来看,基本不影响该项目桥梁施工原材料的下料长度及用量,可接受其作为施工误差。

使用本方法过程中需注意以下事项:

(1)本方法本质上是干预了全站仪的测距结果,在工程实践中对桥梁的实际跨径和高度都存在一定程度的影响,要评估其影响结果是否在可接受范围内,特别是采用预制结构的项目,应谨慎使用该方法。

(2)从边长归化投影计算公式可以看出,在不同高程的投影面,控制网长度投影变形会有差异,且高斯投影的长度变形与经差和纬度有关。在小区域范围内,其长度变形基本稳定;当范围较大,特别是东西走向的线路,需要考虑其变化的特性分区域设置。

(3)使用本方法时,应加强对全站仪长度变形参数的检查。

2.4.4 小结

本书所述的控制网投影变形处理技术,仅适用于小范围测区(满足平面代替地球曲面的范围)的工程控制网,其中"一点一方向"法最为常用;而相对于"一点一方向"法,任意基准点缩放法适用范围更广,可以不受特定的已有控制点的限制;坐标映射法是在任意基准点缩放的基础上增加了角度旋转,适用条件较为特殊。

同时,对长大线路而言,不适合对整网进行修正。对于小跨径桥梁,可以保留尺度偏差进行测量作业,并统一管理测量误差。

最后,当控制网变形尺度不满足长大线路工程施工需求,且不具备控制网改造的条件时,仍需从设计源头上解决测量控制网精度的问题。

第3章 深水围堰施工测控技术

当所处桥址水流湍急、河床地形复杂时，大跨径钢桁拱桥涉水区域的深水围堰基础，存在水下地形测量困难的问题。根据实际环境需要及工作需求，采用几何方法或卫星定位测量平面位置，同步采用接触式或无接触式的方法测量水深，形成水下地形测量成果。在围堰拼装下放过程中，综合考虑施测方案的先进性、经济性、实用性，针对性地采用合理的监测手段，应用激光指示技术结合传统测量手段对中小型围堰姿态实时监测；采用智能化、信息化的方式对大型围堰姿态进行全天候监测。在围堰封底后，其内部空间狭小，当全站仪架设在围堰顶部或围堰底部时，视线受阻且竖角过大，无法全覆盖、高精度测量围堰内主墩不同高度节段的所有特征点。通过在围堰内壁不同高度设置加密点及观测平台，采用虚拟导线的方法完成围堰内控制测量，为围堰空间内测量放样提供了高精度的测量基准。

3.1 水下地形测控技术

3.1.1 概述

在涉水区域进行桥梁建造时，需要综合考虑工程的水文条件，如水深、流速、河床类型以及水底地形起伏状况等，选择合适的围堰结构作为涉水区域桥梁基础施工的外围结构。围堰结构的选定与设计、施工均需要详细的水下地形资料。对于水下地形特别复杂的情况,如沉船、暗礁、孤石等,还需要测量水下构筑物。近年来,随着新一轮科技革命的发展,人们在水下地形测量方面已经取得了较大的进步,特别是GNSS技术、水中声呐扫测技术的快速发展,为水下地形测量提供了强大的支撑。

3.1.2 定位方法

水上定位时,待测船是实时运动的,但其坐标基准又在陆地,所以水下地形测量通常采用与陆上测量相同的坐标系统。水上定位根据离岸距离的远近不同而采用不同的定位方法,如光学定位、无线电定位、卫星定位、水声定位以及组合定位等。

(1)无线电定位系统。

无线电定位系统具有全天候、连续实时定位的优点,在定位精度方面基本上能满足水下地形测量要求的前提下,作用距离远、覆盖范围大。

按照工作原理,无线电定位系统主要分为测量距离定位和测量距离差定位。在陆上设立若干个无线电发(反)射台(称为岸台),通过测量无线电波传播的有关参数,来确定运动的船台相对于岸台的位置。无线电定位根据两条位置线相交的交点P来确定船台的二维坐标,其中采用测距定位,则位置线为两个圆,如图3-1所示;采用测距差定位,则位置线为两条双曲线,如图3-2所示。

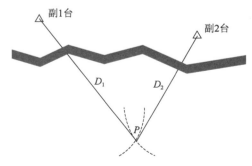

图3-1 无线电测距定位示意图

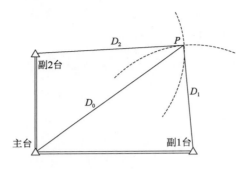

图 3-2 无线电测距差定位示意图

(2)光学仪器定位。

光学仪器定位是在沿岸进行水下地形测量时,使用光学仪器(如经纬仪、全站仪)实施前方交会法定位(图 3-3)、直接坐标法定位,通常在岸上两个控制点 A、B 上设置经纬仪,同时观测测量船的方位角或角度而算得船位坐标。

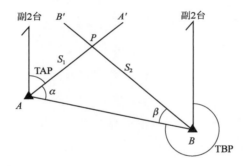

图 3-3 前方交会法定位示意图

(3)GNSS 定位。

GNSS 定位系统采用高轨测距,以观测站至 GNSS 卫星之间的距离作为基本观测量。为了获得距离观测量,主要采用两种方法:一是测量 GNSS 卫星发射的测距码信号到达用户接收机的传播时间,即伪距测量;二是测量具有载波多普勒频移的 GNSS 卫星载波信号与接收机产生的参考载波信号之间的相位差,即载波相位测量。采用伪距测量定位速度较快,而采用载波相位测量定位精度较高。

GNSS 定位分为单点定位和相对定位(差分定位)。单点定位就是根据一台接收机的观测数据来确定接收机位置的方式,它只能采用伪距观测测量。相对定位(差分定位)是根据两台以上接收机的观测数据来确定观测点之间相对位置的方法,既可采用伪距测量,也可采用载波相位测量。

(4)水声定位。

水声定位是利用水下声标在水底建立测量控制网,并利用声波进行定位的方法。

首先,在水底设置若干水下声标,利用一定的方法测定这些水下声标的相对位置。其次,在测量确定船只相对陆上大地测量控制网位置的同时,确定船只相对水下声标的位置,同步测量的处理结果,就可以完成水下声标控制点相对陆上统一坐标系统的联测工作,如图3-4所示。最后,当一个待定船位的测量船通过发射设备向水中发射声脉冲询问信号时,水下声标接收该信号并发回应答信号(也可由水下声标主动发射信号),应答信号被测量船接收并经计算机处理后,可得到测量船的定位结果,如图3-5所示。

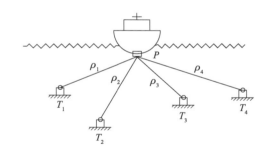

图3-4 利用圆-圆定位确定水下声标示意图

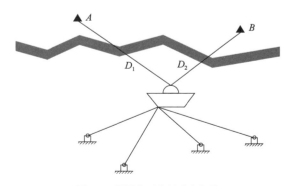

图3-5 利用水下声标确定船位

3.1.3 测深手段

水下地形测量的发展与其测深手段的不断完善紧密相关。早期的测量深度工作是靠测深杆和测深锤完成的。1914年,回声测深仪面世,实现了对水下远距离目标的探测。20世纪60—70年代,多波束测深系统兴起,测深模式实现了从点到线、从线到面的飞跃。下面简要介绍几种常用的测深手段和方法。

(1)单波束测深。

单波束测深属于"线"状测量。当测量船在水上航行时,船上的测深仪可测得一条连续的剖面线(地形断面)。根据频段个数,单波束测深仪分为单频测深仪和双频测深仪。其中,单频测深仪仅发射一个频段的信号,仪器轻便;双频测深仪可发射高频、低频信号,可测量出水面至水底表面与硬地层面的距离差,从而获得水底淤泥层的厚度(图3-6)。

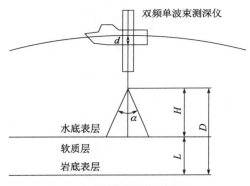

图3-6 双频单波束测深原理示意图

就单频单波束测深而言,假设换能器吃水深度为d,声波在水中的传播速度为c、传播时间为t,则测得的水深值H为:

$$H = \frac{1}{2}ct + d \tag{3-1}$$

同理,通过双频单波束测深仪测得的两个水深值H和D,便可求出淤泥等软质层的厚度:

$$L = D - H \tag{3-2}$$

式中:H——换能器到水底软质层的深度;

L——软质层厚度;

D——换能器到岩底表层的深度。

(2)多波束测深。

多波束测深属于"面"状测量,能一次给出与航迹线相垂直的平面内成百上千个测深点的水深值。所以,多波束测深能准确、高效地测量出沿航迹线一定宽度内(3~12倍水深)水下目标的大小、形状和高低变化。与单波束测深相比,其系统组成和水深数据处理过程更为复杂。多波束测深示意图如图3-7所示。

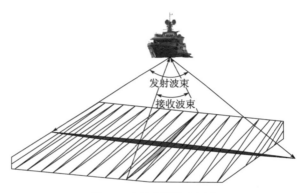

图3-7 多波束测深示意图

(3)侧扫声呐测深。

侧扫声呐是一种主动声呐,也称旁扫声呐、旁视声呐、侧视声呐。顾名思义,侧扫声呐的水声换能器常常安装在船体(或拖体)两侧,向侧方发射声波,通过水底地物对入射声波反向散射来探测水底形态和目标,如图3-8所示。

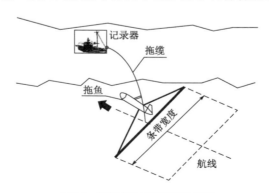

图3-8 侧扫声呐工作原理示意图

(4)机载激光测深。

机载激光测深系统也可用于水下地形测量,其基本原理是利用红绿激光在海水中的传播特性来计算海水的深度。该技术对于快速获取大范围、不可进入地区、水草覆盖区域地形具有明显优势,缺点是对水质要求较高,且探测深度有限。机载激光测深原理示意图如图3-9所示。

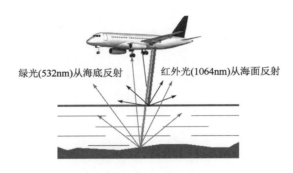

图3-9 机载激光测深原理示意图

3.1.4 桥址水下地形测量

在开展靠近河岸、范围较小、水深较浅且水流较快的桥址处水下地形测量任务时,需要选择合理的定位技术和测深手段。

在定位技术方面,无线电定位精度较低,水声定位成本较高,光学仪器定位对岸上控制点分布要求较高。因此,可优先采用轻便且精度较高的GNSS相对定位(差分定位)技术。

在测深技术方面,多波束和机载激光雷达(LiDAR)测深技术能够提供更详细的地形数据,但涉及各种相对坐标系与地理绝对坐标系之间的转换处理,增大了测量计算的复杂性;单波束测深技术具有结构简单、无姿态仪要求、平面位置与GNSS天线一致、计算简便等优点,成为桥址附近水深测量的理想选择。

单波束测深技术实施步骤如下:

①收集资料、勘察现场,并制定方案。

②安装测深仪系统,包括定位系统、换能器、连接电源等。

③设置测量参数,包括吃水深度、声速、测量周期、初始水深等。

④布置测深线,按线路进行测量。

⑤处理水深数据,生成水底高程数据,构建水底数字地形模型,根据需要生成相应的平面图或断面图。

水下地形测深完成后,应检查测量成果。当出现以下情况时,应进行补测或重测:

①测深线间距大于设计间距的1.5倍,应进行补测。

②测深仪信号不正常,无法量取水深时,应进行补测。

③连续漏测2个以上定位点时,应进行补测。

④深度比对超限点数超过参加比对总点数的10%时,应进行重测。

⑤确认有系统误差,但又无法消除或改正时,应进行重测。

⑥主测线水深与检查线水深对比超过规范要求时,应进行补测或重测。

⑦水位观测不符合要求时,应进行重测。

⑧测深数据无法完整反映水下地形地貌时,应进行补测或重测。

⑨水下地形或拼接地带出现明显异常,无法查明原因时,应进行重测。

3.1.5 水下结构测量

目前,水下探测设备和方法比较多,包括水下机器人、浅地层剖面仪、多波束声呐、侧扫声呐等。但是,由于桥址水下环境、工程结构、地质条件等比较复杂,某些设备在进行水下探测时,在探测精度、效果以及适用范围等方面存在不足。其中,水下机器人可以实时形成并传输高质量图像,但图像质量受水质环境影响较大,在水质较差环境中的成像不够清晰,且机器人的摄像头等装置容易损坏,在静水水域使用时效果较好,而流速过快的水域则无法精准操作;浅地层剖面仪主要用于水下地质调查(如河流冲刷、水库淤积等),设备笨重、尺寸偏大,运输携带不方便,且探测深度受环境影响较大,适用范围比较有限;多波束声呐可以形成比较清晰的水下三维图像,但无法展现水下结构的细部构造,对部分声影遮挡区域成像不佳,给隐患排查带来一定的不确定性;侧扫声呐可生成水下地形、结构和目标物的高分辨图像,摸排水下沉船、暗礁、孤石等水下结构物有较大优势,是桥址处水下结构测量最常采用的方法之一。侧扫声呐组成如图 3-10 所示。

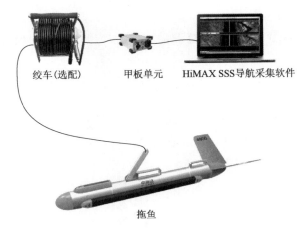

图 3-10 侧扫声呐主要设备

侧扫声呐实施具体步骤如下:

(1)收集桥梁下部结构资料图纸,了解该区域的水位、水深、流速流向、泥沙淤积等水文资料。

(2)制作漂浮式气囊平台,大致尺寸与桥墩形状相似,在平台上安装声呐支架,布置电源舱。

(3)在岸边上游布置卷扬机,通过卷扬机放绳,使得平台慢慢靠近桥墩,卡在桥墩附近,通过远程控制,下放声呐支架。

(4)根据各个墩台的形态特点,在桥墩周围设置扫测点。

(5)通过远程控制软件来控制侧扫声呐,并开始扫测。

(6)生成测量范围内的点云图像。

(7)对图像进行简单的处理和识别,判断是否需要重新进行扫测。

如图 3-11 所示,水下地形、岸坡分布、礁石以及桥墩水下结构情况均比较完整。但实际应用过程中发现,对于工程破损比较轻微、隐患部位变形不明显的情况,该系统无法进行比较精确的探测,需要与水下机器人等其他水下设备配合使用,在一定程度上弥补精度不够的问题。

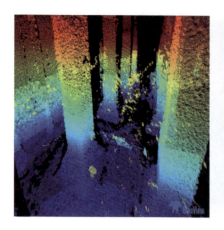 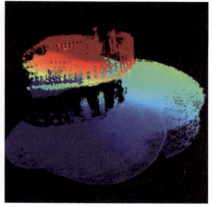

图 3-11　桥墩水下点云图像示例

3.1.6　小结

随着实时动态差分 GNSS 定位技术及数字测深技术在水下地形测量中的应用，数字化水下地形测量技术日趋完善，勘测手段更加先进，劳动强度大幅降低，工作效率显著提高，基本实现了水下地形测量的自动化，有效解决了传统水下地形测量作业范围小、精度低、测深点密度小等问题，使得大面积、大比例尺的桥址水下地形测量成为可能。

侧扫声呐技术可在能见度低、含沙量大、水下地形复杂的水域环境中工作，并且系统尺寸小、质量轻，可装载到各种无缆水下机器人上进行水下作业，能有效探测围堰底的水下沉船、暗礁、孤石等水下结构物。

3.2　钢围堰姿态及封底混凝土高度实时测控技术

3.2.1　技术背景

深水流域的大跨径钢桁拱桥承台一般设计在河床面以下，以减少阻水面，防止桥址河床过度冲刷。深埋承台及墩身一般采用深水围堰的方法施工，如常泰长江大桥录安洲专用航道桥、武汉汉江湾桥，主墩深水基础采用钢板桩围堰施工；常泰长江大桥天星洲专用航道桥、南京大胜关长江大桥、龙穴南水道特大桥，主墩深水基础采用双壁钢围堰施工。其中，双壁钢围堰尺寸庞大，受制造、运输、安装、环境等客观条件影响，常采用分片拼装或整体浮运的方法，在桥址吸泥下沉，再接高，逐步下沉到预定位置。在围堰吸泥下沉和封底过程中，需要监测围堰的姿态，以确保围堰的准确下放和结构安全。围堰姿态的常用监测方法是使用全站仪及水准仪测量围堰特征点的平面坐标及高程，根据其变化量，计算分析围堰的姿态，指导现场施工。但常用方法应用于围堰姿态监测时存在以下不足：

（1）在施工平台上架设全站仪或水准仪，将会受到水流冲击以及平台上作业机械振动的影响，无法保障测量精度；而选择在远离围堰的岸边架设全站仪，又面临观测距离远、通视条件不佳的不利条件，导致测量精度降低等问题。

（2）围堰下沉、封底时，其姿态需要实时监测。常用方法涉及工作准备、外业测量、数据整理及数据分析等步骤，而这种方法主要依赖于周期性数据的获取，无法反映实时变化，不能及时判断围堰是否安全、姿态是否正确，存在实时性及直观性不足的问题。

（3）在围堰封底作业中，为监控混凝土流动范围和厚度，常用的做法是在现场根据经验，分析平面布置图，采集并标注各测深点的灌注高度，进而推断混凝土的厚度和范围。然而，此方法无法直观、连续、系统地反映整个围堰内混凝土面的高程情况，因此加大了封底有效厚度的控制难度。

3.2.2　激光指示实时测控技术

围堰下沉、封底时，为方便现场作业人员直观掌握围堰姿态，研发了一种围堰倾斜度测量方法及配套装置。该方法基于激光指示技术，以实时、直观的方式呈现围堰的倾斜状态，结合预设的预警标记，能够帮助现场人员快速发现险情，及时预警和纠偏。具体实施如下：

如图 3-12 所示，在围堰顶上放置两个激光投射装置，其发射的激光线相互垂直,在激光发射方向远端安装两个刻度尺,并在两个刻度尺上标记激光投射的初始刻度,以初始刻度为中心,分别标识出上临界刻度和下临界刻度。

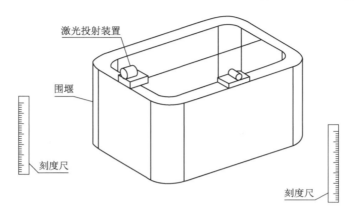

图 3-12 围堰下沉、封底倾斜度测量示意图

围堰下沉、封底过程中,实时查看激光投射光斑相对于初始刻度的位移方向和位移量。若发生位移,可通过改变围堰下沉时围堰内的吸泥部位和吸泥量,或是在围堰封底时优化水下混凝土的浇筑顺序和灌注量,确保激光投射光斑始终保持在上临界刻度和下临界刻度之间,直到施工完成。

临界刻度计算公式为:

$$H_2 = \pm KD + H_1 \tag{3-3}$$

式中:H_1——初始刻度;

D——刻度尺与对应激光投射装置之间距离;

K——围堰的最大倾斜度;

H_2——上、下临界刻度。

本技术改善了常规全站仪监测时直观性不强、实时性不够的问题,是对常规测量手段的辅助和补充,尤其适合中、小型堰的下沉、封底及使用过程中的姿态控制。

3.2.3 智能化监测技术

对于大型钢围堰,可采用分布式网络化无线采集系统,构建基于 BIM 的深水围堰智能监控系统。该系统能够有效地实现对围堰的实时监测和数据采集，提高工程安全性和施工效率，实现信息共享和协同工作。

3.2.3.1 钢围堰监测的内容

（1）钢板梁应力监测。

钢围堰下放过程中，为保证下放系统平顺及安全，选择钢围堰应力进行监测，通过对比应力监测结果与计算应力结果，可及时修正钢围堰安装与下放精度，确保钢围堰结构安全。

（2）围堰姿态监测。

施工过程中，要确保整体结构几何平面位置不发生急剧变化。钢围堰的平面位置、整体倾斜及沉降监测数据结果可相互印证围堰结构是否发生大的变形，以及整个围堰结构的整体稳定性。

（3）内支撑变形及应力监测。

钢围堰在各施工阶段将在外部动静水压力的共同作用下，内支撑是整个围堰施工期间的重要保障。因此，钢围堰内承台及墩身施工阶段密切关注内撑应力及变形情况。

3.2.3.2 深水钢围堰的分布式网络化无线智能监控系统组成

无线采集系统为分布式网络化系统，可同时采集振弦式传感器的应变数据和温度数据，采集系统设计有独立的中央处理器（CPU）实时控制系统和无线通信装置，可设置实时测量、定时测量，可实现远程无线采集，具有可靠性强、精度高、操作方便等优点。该系统主要由各类型传感器的数据感知监测部分、数据采集部分（采集单元）、数据传输部分（有线、无线）组成，如图3-13所示。

根据监测内容，布置钢板梁应力监测点、围堰姿态监测点、内支撑变形及应力监测点，如图3-14所示。

监测点布置完成后，在施工平台设置采集系统，连接数据线，并妥善保护。

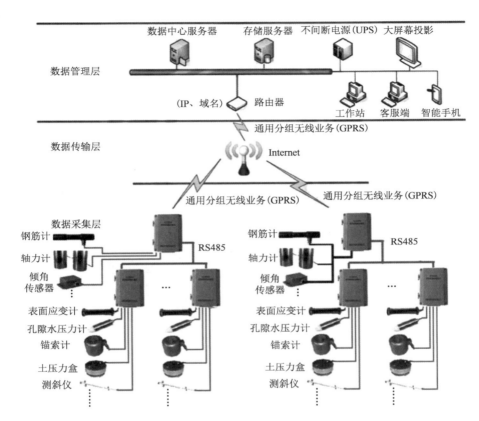

图 3-13 分布式网络化智能监测系统框架

结合钢围堰自身构造特征,进行围堰监测点传感器选型:

(1)测斜仪。

在钢围堰拼装结束后,安装固定式测斜仪,同时将传感导线接入无线测量模块,由无线通信模块实现远程无线传输。

(2)静力水准仪。

静力水准仪系统包括水准仪、传感器、数据采集装置、计算机监控管理系统。该系统可实现按预设命令或预设时间进行自动控制与测量、数据转换、暂存及远程无线传输。

(3)侧壁水压仪。

侧壁水压仪通过在水位观测孔内安装振弦式渗压计测读,可实现无线远程监控。

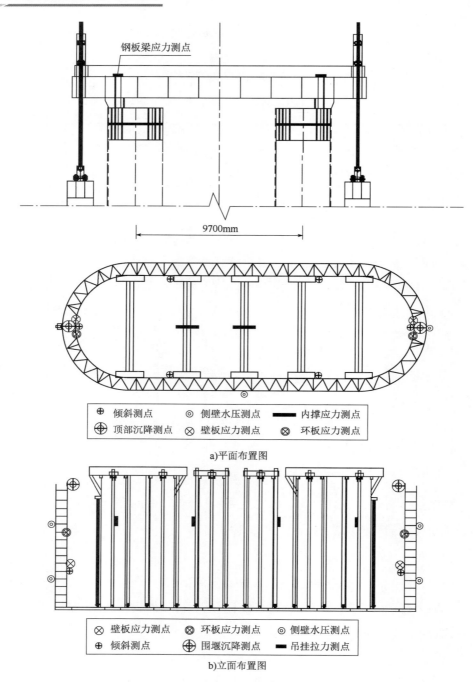

图3-14 钢围堰监测点布置示意图

(4)表贴式应变计。

钢围堰构件表面粘贴振弦式表面式智能增强型传感器,采用智能监测系统采集各工况下钢构件的应变数据,并换算杆件内力。

3.2.3.3 智能采集系统软件

本系统应用模块化设计理念,深度融合计算机信息技术,高效集成各类量测采集模块。通过运用无线网络技术,实现设备间数据信号的稳定传输,既便捷又高效。此外,该系统具备较好的通用性、扩展性和可靠性,可满足不同场景下的应用需求。

每个通道均设有工程报警上下限阈值,一旦回传数据超出阈值范围,或仪器工作环境参数异常,服务器将迅速启动邮件报警机制,确保问题得到及时处理。采集系统还具备定时采集功能,能够整理并展示单个测点的时程变化曲线,为分析钢围堰各监测项目的变化规律提供有力支持。

3.2.3.4 监测频率及预警

钢围堰监测工作应贯穿于钢围堰施工全过程,一般应从下放安装前开始,直至桥墩墩身出水为止。监测频率选择,应以反映监测项目的重要变化过程,而又不遗漏其重要的变化时刻为原则,并根据钢围堰安全等级、不同施工阶段、周边环境(洪水、风速等)及自然条件变化等因素调整,当监测数值相对稳定时,可适当降低监测频率。钢围堰测点监测频次见表3-1。

钢围堰测点监测频次　　　　表3-1

序号	监测项目	监测频率
1	围堰侧壁倾斜监测	智能监测系统实时监测(平均每次2~3h)
2	围堰侧壁水压力监测	
3	吊挂系统拉力	
4	内撑应力	
5	围堰顶部平面位移	一般阶段,1次/2d;汛期阶段,1次/d;抽水及换撑阶段,1次/d

当出现以下其中一种情况时,应提高监测频率:①监测数据达到或接近报警阈值;②监测数据变化幅度较大或变化速率明显加快;③监测处的结构位移有大面积变形出现;④出现其他影响钢围堰安全及周边环境的异常情况。

根据施工工序、计算结果和相关规范,围堰监测可采用预警、报警机制。一般取正常使用状态组合工况下结果为预警限值,以累计变化量达到设计规范限值的80%为报警阈值。

3.2.3.5 监测数据及结果分析

对某钢围堰内部施工期间测点进行监测,共布设内撑应力监测点4个、水压监测点8个、倾斜监测点6个、围堰顶平面位移监测点7个。从抽水完成到墩身出水后,部分监测结果及数据曲线如图3-15、图3-16所示。

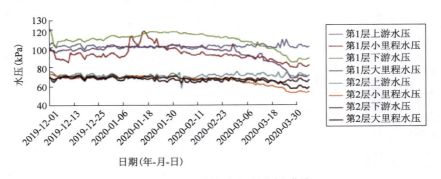

图3-15 钢围堰外部水压监测时程曲线

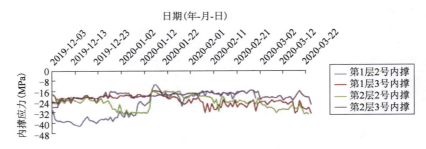

图3-16 钢围堰内撑应力监测时程曲线

由图3-15可知,在承台施工过程中,钢围堰外部水压出现轻微波动但均未超过水压报警值168kPa;由图3-16可知,钢围堰内撑应力出现轻微波动但均未超过内撑应力报警值135MPa。

墩柱施工期间,钢围堰内布设内撑应力测点8个、倾斜测点6个、水压测点8个、围堰顶平面位移测点7个。从抽水完成到墩身出水后监测数据曲线如图3-17所示,围堰内撑应力出现轻微波动但均未超过换撑应力报警值135MPa;由图3-18可知,钢围堰在墩柱施工过程其水平位移出现轻微波动但均未超过位移报警值30mm。由图3-19可知,围堰倾斜数据出现波动但均未超过倾斜报警值0.1°。

钢围堰在上述各阶段均总体处于稳定、可控状态。

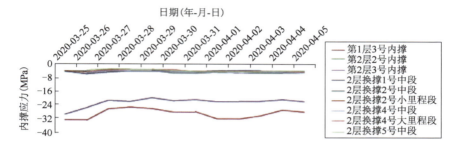

图3-17　钢围堰换撑应力监测时程曲线

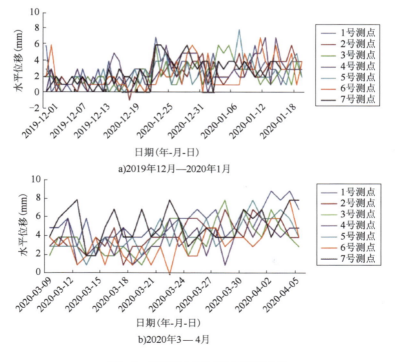

图3-18　钢围堰水平位移监测时程曲线

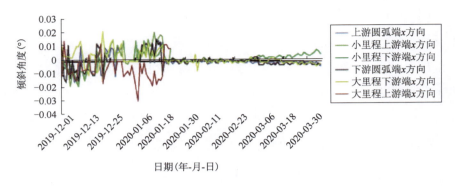

图 3-19　钢围堰倾斜监测时程曲线

3.2.4　围堰封底混凝土高程监测

在围堰封底过程中,为采集各测深点混凝土面的高程,用于监控混凝土浇筑情况,借用电子表格或南方 CASS 软件绘制水下混凝土灌注所形成的实时地形图来确定浇筑面的高程及起伏状况,指导混凝土灌注。

当围堰为矩形且测点布设成网格状时,可采用电子表格绘制水下混凝土浇筑面高程。根据测点的测深计算混凝土面高程,输入电子表格,生成三维图示(图 3-20),以便现场实时动态调整混凝土布料位置及数量,确保封底平整。

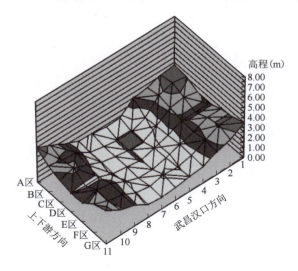

图 3-20　围堰封底混凝土灌注三维图

当围堰为非矩形或布设的监测点非矩阵式排列时,可采用CASS软件绘制水下混凝土地形图。具体实施步骤如下:

(1)建立模板。根据围堰测深点的分区和位置,计算各测深点的平面位置,提前展点到CASS软件,建立封底出图的模板。

(2)模拟演习。使用模拟数据进行演习,检验数据处理人员的工作效率。采集每个测深点处平台的高程,做好初始数据准备。

(3)数据采集。封底过程中,现场通过测绳测量测深点平台到封底混凝土的高差,输入电子表格中,计算每个测点处混凝土面的高程,转换形成CASS软件的输入文本,见表3-2。

围堰封底数据整理(17号墩围堰封底灌注记录表)　　　　表3-2

点号	高程基准	数据	测量时间						
			0:00	4:00	8:00	12:00	16:00	20:00	次日0:00
1	20.12	测锤深度(m)	33.10	33.30	33.20	32.90	31.60	30.80	30.55
		计算高程(m)	−12.98	−13.18	−13.08	−12.78	−11.48	−10.68	−10.43
2	20.14	测锤深度(m)	34.20	34.10	33.60	33.50	32.90	31.40	31.20
		计算高程(m)	−14.06	−13.96	−13.46	−13.36	−12.76	−11.26	−11.06
3	20.46	测锤深度(m)	34.45	34.30	34.30	34.60	34.00	33.50	33.10
		计算高程(m)	−13.99	−13.84	−13.84	−14.14	−13.54	−13.04	−12.64
4	20.10	测锤深度(m)	34.40	34.50	34.40	34.40	34.40	34.20	33.60
		计算高程(m)	−14.30	−14.40	−14.30	−14.30	−14.30	−14.10	−13.50
5	20.10	测锤深度(m)	35.40	35.30	35.30	35.20	34.50	34.00	33.00
		计算高程(m)	−15.30	−15.20	−15.20	−15.10	−14.40	−13.90	−12.90
6	20.12	测锤深度(m)	35.60	35.20	34.70	35.20	33.75	33.50	32.95
		计算高程(m)	−15.48	−15.08	−14.58	−15.08	−13.63	−13.38	−12.83

(4)动态应用。将数据导入到预先制定好的CASS模板里绘图,采用不同颜色的线条标注好等深线,形成实时水下混凝土地形图,根据混凝土面起伏情况指导调整混凝土下料位置、顺序、数量,确保封底混凝土面的平整。

3.2.5　小结

利用激光指示的方式监测中小型围堰姿态,是对常规监测手段的补充和完善,且较为经济、适用性好。

采用基于BIM的深水围堰分布式网络化无线智能监控系统,对大型围堰进行监测,实现全天候实时掌握钢围堰的动态信息并及时反馈和预测,确保钢围堰安装、下沉、封底、使用过程安全、稳定,技术先进性较好。

围堰封底混凝土浇筑面高程监测技术,借用电子表格和地形图软件实时绘制曲面图和水下地形图,动态反映封底混凝土浇筑情况,指导调整混凝土下料位置、顺序、数量,确保封底混凝土面的平整及有效封底厚度。

3.3 深围堰内构筑物虚拟导线法测设技术

3.3.1 技术背景

双壁钢围堰(图3-21)作为一种水中施工支护结构,被广泛应用在桥梁深水基础施工中,具有尺寸相对狭小且深度大的特点。围堰封底后,其内空间狭小,当全站仪架设在围堰顶部或围堰底部时,视线受阻且竖角过大,无法全覆盖、高精度地测量围堰内主墩不同高度节段的所有特征点,测量效率低。因此,研究应用了一种虚拟导线法解决了深小空间内不同高度加密点的控制测量难题,为围堰空间内测量放样提供了高精度的测量基准。

图3-21 双壁钢围堰俯视图示例

3.3.2 虚拟导线法测设原理

围堰内主墩施工前,当仪器架设在围堰外时,只能直接观测施工平台以上高度的测点(图3-22),但对于施工平台以下的目标,需通过吊垂球方式(图3-23),间接测量墩柱平面位置;承台施工完成以后,将控制点传递到承台顶面,受仪器天顶距变化对精度的影响,不能覆盖围堰全深范围所有目标。

图3-22 施工平台以上高度测量示意图

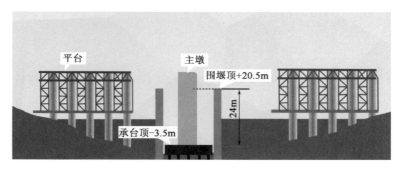

图3-23 承台顶架设全站仪及吊垂球测量示意图

为解决围堰全深范围所有目标精确定位的问题,采用虚拟导线法建立围堰内高精度测量基准,方法如下:

①在岸边布设至少2个与围堰顶可通视的控制点,该控制点纳入桥梁加密网。

②在围堰侧壁螺旋式逐层布设控制点及观测平台,相邻控制点间垂直角不超过20°。控制点采用带孔归心盘,以观测墩形式锚固于围堰侧壁。对围堰内(含部分投影点)、外控制点按照导线测量技术要求测边、测角,平差后得到围堰内加密点坐标。

3.3.3 应用案例

3.3.3.1 项目概况

某双壁钢套箱围堰，尺寸为长47.2m、宽27.7m、高35m，承台顶高程为-3.5m，围堰顶口高程为+20.5m，围堰内主墩高度为24m，如图3-24所示。围堰拼装完成后，需要对围堰内的结构物及主墩测量定位。

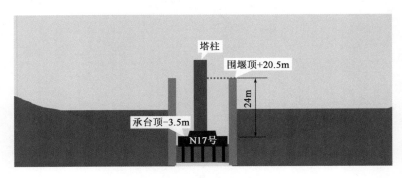

图3-24 围堰及主墩示意图

3.3.3.2 虚拟导线法概述

为了能精确测量围堰内主墩，先在双壁钢围堰内四角附近设置观测墩及观测平台，构建四个加密点，且相邻点高差满足全站仪观测垂直角在±20°以内。

相邻点直接作为导线边进行角度和距离的观测。非相邻点，则在这些观测点上架设垂准仪，向承台顶面垂直投影，通过投影点建立虚拟导线。

以围堰外的岸边控制点作为约束点，进行导线测量，平差后得到围堰内加密点坐标。最后，根据所有加密点的投影点，观测其水平距离和夹角，验证导线成果的几何条件，确保其精度和可靠性后，加密点方可应用于围堰内结构物测量。

3.3.3.3 围堰内、外控制点布设

在围堰外布设4个控制点DQ06、DQ07、JM01、JM02（DQ06、JM01同围堰顶

口通视），按照铁路一等平面技术要求与桥梁整网联测。如图3-25所示，以 DQ07-DQ06、JM01-JM02作为虚拟导线法测量的起算边。

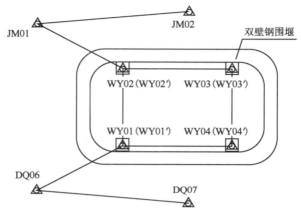

图3-25 围堰内、外控制点平面布置图

首先，根据围堰外控制点位置，结合水上施工平台和围堰顶高程情况，在围堰顶合适位置布设围堰内第一层控制点WY01、WY02。然后，在围堰内侧壁螺旋式向下逐层布设控制点（相邻垂直角不超过20°）WY03、WY04，直至接近承台顶面，如图3-26所示。

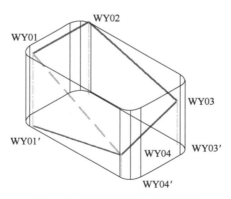

图3-26 围堰内控制点三维示意图

3.3.3.4 观测墩及观测平台

根据控制点的拟定位置，在围堰内壁设置并焊接观测墩及观测平台，二者之间采用分离式结构，避免观测墩受平台上人员活动的影响。观测平台对应加密点垂直投影区域开孔,以便激光垂准仪垂直投射控制点至承台顶面。

观测墩由带孔归心盘及支撑架构成,观测平台由底平台及防护围栏构成,底平台开孔,预留观测墩中心点竖向投射通道。观测平台及观测墩如图3-27所示。

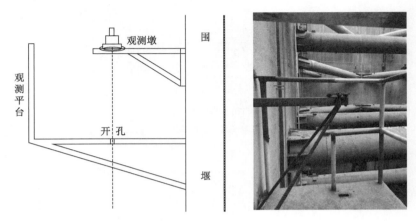

图3-27 观测平台、观测墩示意图及实物图

3.3.3.5 观测墩稳定性检查

观测墩及观测平台安装完成后,将全站仪架设在观测墩上,确认仪器气泡和坐标测量的稳定性。

仪器气泡测试:将全站仪整平后静置仪器,操作人员在观测平台上观察电子气泡是否超出补偿范围。

坐标测量测试:气泡测试完成后,正确设置仪器参数,照准相邻控制点棱镜,盘左观测不少于5次,记录其坐标平均值,间隔一定时间后重复观测,对比前后坐标数据变化。

3.3.3.6 围堰内控制点投射

承台施工完成后,进行控制点的垂直投射。

先在WY01观测墩上架设激光垂准仪,整平后打开激光束标记投射点,然后依次将激光垂准仪旋转90°、180°、270°,总共标记出4个投射点,连接对角线,其十字交叉中心即为投射点中心WY01′。激光投点示意图及实施照片如图3-28所示。

第3章 深水围堰施工测控技术

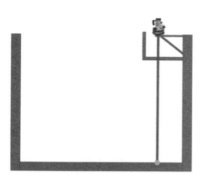

图 3-28 激光投点示意图及实施照片

采用同样的方法依次将 WY02、WY03、WY04 投射至承台顶面并做标记,得到 WY02′、WY03′、WY04′。

3.3.3.7 导线测量

根据铁路二等导线测量观测技术要求,按照 DQ07→DQ06→WY01→WY02→WY03→WY04→ WY01′(WY01)→WY02(WY02′)→JM01→JM02 线路施测,(图 3-29),构成平面上连续空间上不连续的虚拟导线。

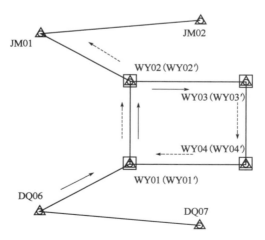

图 3-29 虚拟导线观测线路图

虚拟导线各测站观测顺序见表 3-3。

虚拟导线观测顺序表　　　　　　　　表3-3

编号	测站	后视点	前视点
1	DQ06	QD07	WY01
2	WY01	DQ06	WY02
3	WY02	WY01	WY03
4	WY03	WY02	WY04
5	WY04	WY03	WY01′
6	WY01′	WY04	WY02′
7	WY02	WY01	JM01
8	JM01	WY02	JM02

3.3.3.8 几何条件验证

在WY04′架设全站仪，测量WY03与WY03′的水平方向和平距，比较其差值，验证观测墩中心与投影点连线的铅垂性。

然后依次在投影点WY01′、WY02′、WY03′、WY04′上架设全站仪，测量闭合导线WY01′→WY02′→WY03′→WY04′→WY01′夹角及边长，同虚拟导线中WY01→WY02→WY03→WY04→WY01′观测成果对比，验证虚拟导线与投影导线的符合性。

3.3.3.9 数据处理

观测数据经几何条件检验后，采用"科傻"软件平差计算，得到围堰内各控制点的平面坐标。最终，点位中误差均优于1mm（表3-4），满足围堰内结构物定位精度需求。

网点间边长、方位角及其相对精度　　　　　　　　表3-4

自	至	方位角 (d.ms)	方向中误差 (sec)	边长 (m)	边长中误差 (cm)	边长相对 中误差
DQ06	WY01	228.334362	0.49	393.7666	0.08	517000
JM01	WY02	11.231625	0.40	461.0353	0.06	720000
WY01	DQ06	48.282839	0.48	388.7350	0.08	485000

续上表

自	至	方位角 (d.ms)	方向中误差 (sec)	边长 (m)	边长中误差 (cm)	边长相对 中误差
WY01	WY02	207.033971	0.82	24.8073	0.08	30000
WY02	WY03	287.411794	5.76	37.6508	0.06	58000
WY02	WY01	18.553170	5.77	19.4670	0.09	21000
WY03	WY04	16.594959	1.28	20.7343	0.06	34000
WY03	WY02	109.134969	1.45	37.1366	0.05	70000
WY04	WY01	109.351271	1.07	38.3423	0.05	74000
WY04	WY03	196.594959	1.28	20.7343	0.06	34000
WY01	WY02	200.202639	0.80	20.4839	0.06	33000
WY01	WY04	289.351271	1.07	38.3423	0.05	74000
WY02	WY01	20.202639	0.80	20.4839	0.06	33000
WY02	JM01	191.231625	0.40	461.0353	0.06	720000

3.3.4 小结

钢围堰内深度大，空间狭小，常规测量方法无法满足全深范围内不同高度所有目标点的测量精度要求。通过研发设置分离式观测墩、观测平台，布设多层控制点并采用虚拟导线法加密围堰内控制点，全方位覆盖了围堰内各结构物的测量放样工作，解决了深水围堰内结构物精确定位的难题。通过这一方法，增强了围堰内结构测量结果的可靠性，提高了定位精度和工作效率。

第4章 缆索起重机系统测控技术

地处峡谷的大跨径钢桁拱桥常采用斜拉扣挂及缆索起重机吊装的施工方法，需要对塔架系统、缆索系统及锚固系统进行安装定位和施工过程中的姿态监测。当塔架达到一定高度后，展现出柔性特征，通过操作塔式起重机配重，会引发塔架在八个预定方向发生倾斜变化。通过采集和分析各倾斜方向下的塔架姿态数据，可确定塔架轴线的最或然值及其变化规律，指导塔架微调。在缆索起重机主索垂度控制过程中，研究应用了一种缆索垂度测量方法，并发明了一种伸缩式水准仪配套使用，能迅速完成缆索垂度的测量工作。缆索起重机吊装锚碇及拱座的锚固系统安装工作中，针对多种环境下的测量需求，结合多个项目锚固系统定位应用案例，归纳总结出了三种类型的装置与测控方法，提高了锚固系统的定位测量精度和效率，降低了恶劣环境下人工置镜的安全风险。

4.1 塔式起重机影响下的高柔性扣缆塔垂直度测控技术

4.1.1 技术背景

对大跨径缆索起重机系统而言，超高塔架的垂直度是施工控制的重点和难点。当塔架达到一定高度以后,展现出柔性特征,以往项目中常常采用设置缆风绳的方式来调节塔架的垂直度。然而,这种施工手段存在一定危险性,可能会对塔柱的整体稳定性造成不利影响。

本书结合秭归长江大桥扣缆塔一体化的钢塔结构拼装垂直度控制进行阐述。

4.1.2 施工工艺

秭归长江大桥桥址位于兵书宝剑峡峡口处,北岸与香溪河口毗邻,地形陡峻,河谷呈相对狭窄的V形,大桥主跨531.2m,设计为钢箱桁架式拱桥一跨过江。采用缆索吊装斜拉扣挂法施工,缆索起重机由绳索系统、塔架系统、锚固系统、缆风系统、机械和电气系统、视频监控系统等组成。南北两岸均采用"扣缆塔合一"设计,塔架中心距离为601.2m。扣缆塔由基础、塔架等部分组成。其中,基础为1号/4号墩承台,底部固结;塔架为钢管立柱结构。南岸扣塔塔架高133.86m,缆塔高32.85m,总高度为166.71m;北岸扣塔塔架高144.06m,缆塔高32.85m,总高度为176.91m。

塔架拼装前,预先施工上下游侧塔式起重机,然后完成塔架的节段吊装。随着扣塔拼装高度增加,塔式起重机需逐节顶升。上游侧塔式起重机吊臂高度为205m,下游侧利用高低差错开布置,各用四道附墙稳固附着于扣塔,确保施工安全稳定。塔架及塔式起重机布置如图4-1所示。

4.1.3 塔架施工过程中的垂直度控制

4.1.3.1 扣塔首节安装垂直度控制

(1)为了保障首节高精度拼装,塔脚位置安装允许偏差见表4-1。

塔脚位置安装允许偏差　　　　表4-1

序号	项目		允许偏差
1	同一塔脚上底面高差		<2mm
2	同一塔脚两塔脚底面高差		<2mm
3	同一塔架两塔脚中线	顺桥向	<5mm
4		纵桥向	<1mm

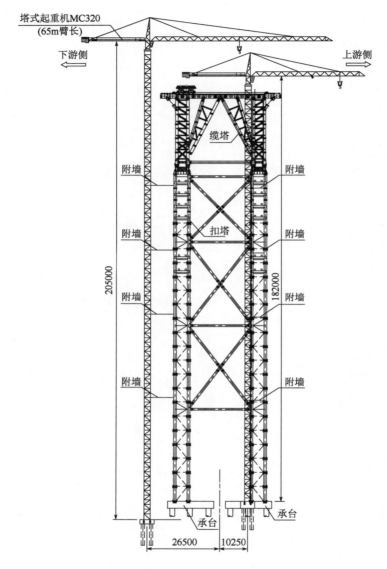

图4-1 塔架及塔式起重机布置示意图(尺寸单位:mm)

在承台浇筑时,需用定位支架固定塔脚预埋件,防止位移和倾斜。

(2)扣塔首节的精准安装和定位,对于保证整个塔架的垂直度至关重要。在承台上放样首节段底部中心线,安装首节段并对位微调,安装完成后检查垂直度和层高,首节垂直度偏差控制为<1/1000且不超过5mm,合格后方可焊接固定。

4.1.3.2 扣塔塔架标准节段验收与安装

塔架是由多种杆件经过精确销接拼装而成,杆件结构尺寸对于控制每一层垂直度至关重要。只有精确控制杆件加工精度,才能确保塔架的整体稳定性和安全性。

(1)检查每节段立柱、平联及斜撑等构件的几何尺寸。

(2)检查法兰盘中心与立柱中心是否重合。

(3)用水平尺检查法兰盘平整度及与立柱轴线的垂直关系。

塔架拼装平面位置及垂直度等安装允许偏差见表4-2。

塔架拼装允许偏差　　　　表4-2

序号	项目	允许偏差
1	塔顶高程	≤50mm
2	塔顶纵向偏位	≤20mm
3	塔顶平面高差	≤10mm
4	联结横梁高差	<$L/900$
5	横梁挠度	<$L/1000$
6	立柱倾斜	<$H/2000$
7	立柱侧面弯曲	<$H/1500$
8	立柱间的距离	≤15mm

注:H为塔架总高度;L为两立柱间距。

4.1.3.3 塔架升高后的柔性特征

随着塔架高度的增加,其刚度逐渐减小,整体结构展现出柔性特征。塔式起重机拼装高度超过30m时,必须通过附着臂与扣塔连接。空载时,其塔身向配重一侧倾斜(最大倾斜值约15cm),扣塔受到塔式起重机影响,随着塔式起重机一起发生倾斜,高度越高,影响值越大。

塔架拼装过程示意如图4-2所示。

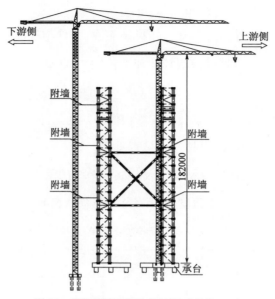

图 4-2 塔架拼装过程示意图(尺寸单位:mm)

4.1.3.4 受塔式起重机作用力下的塔架垂直度控制

实际测量扣塔的垂直度过程中,因受塔式起重机倾斜影响,不能准确地观测扣塔垂直度,更难以将塔架垂直度调整到位。

塔架无应力状态垂直度和塔架受拉状态垂直度示意如图 4-3、图 4-4 所示。

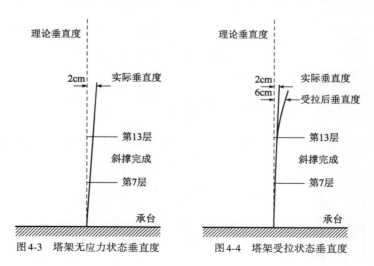

图 4-3 塔架无应力状态垂直度　　图 4-4 塔架受拉状态垂直度

对塔式起重机设计了以下几种工况,来研究塔式起重机影响下的塔架偏移量及偏移方向,分析并修正观测结果,消除或减弱塔式起重机影响,得到塔架垂直度最或然值。

(1)塔式起重机吊重,通过吊重先将塔式起重机垂直度调整到5/10000,再将配重一端以桥轴线为基准分别指向各个方向,扣塔中心无相对偏移,可以作为扣塔的基准状态。

(2)塔式起重机空载,将配重一端以桥轴线为基准分别指向东、南、西、北、东北、东南、西北、西南方向,得到扣塔对应方向的偏移量,并绘制塔架变形曲线图,如图4-5所示。

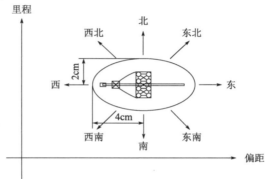

图4-5 上游侧塔架变形曲线示意图

在实际塔架垂直度测量过程中,根据塔式起重机配重朝向,参考塔架变形曲线图,对应修正塔顶偏移观测值。

4.1.3.5 利用塔式起重机附着力主动控制塔架垂直度

根据自升式塔式起重机的相关规范要求,附墙以上垂直度偏差不大于4/1000,附墙以下垂直度偏差不大于2/1000。根据表4-2中,扣塔的立柱垂直度偏差小于$H/2000$的要求,塔式起重机的垂直度控制要求远低于塔架。因此,在塔式起重机安全运行姿态范围内,可通过塔式起重机配重变化主动控制及调整塔架安装垂直度。

(1)在安装第一道附墙前后,需观测塔架垂直度并计算弹性修正值。此修正值在焊接横撑时用于调整塔架垂直度。焊接前需确保塔架垂直度达到最佳状态。焊接完成后,上下游塔架形成整体,塔式起重机对其影响可忽略不计。

(2)塔架施工到第二道横撑前,安装第一道剪刀撑,利用塔式起重机偏移来主动控制塔架垂直度,满足要求后保持塔式起重机状态不变,加固剪刀撑。

(3)按照步骤(2)中提到的方法调整塔架垂直度,并加固第二道横撑。

(4)塔架施工到第三道横撑时,塔柱的高度已经达到114m,柔性特征显著,受风荷载和塔式起重机的影响,扣塔摆动明显。采用缆风绳固定时,需考虑塔式起重机影响带来的弹性修正值。

4.1.4 影响因素分析及成果

(1)塔式起重机和塔架均为钢结构,受温度变化的影响显著,需选择气温恒定的时间段进行测量,一般为日出前2h。

(2)塔架随着吊装高度的增加,柔性特征凸显,抗风能力差。风速较大时,垂直度测量数据无指导意义,应结合风力影响情况选择测量窗口期。

(3)由于下游侧塔式起重机附墙拉杆长度较短,其对塔架的垂直度影响较上游更大。

(4)塔式起重机布设位置影响塔架垂直度的变形曲线,塔式起重机布设在扣塔塔架的横桥向上,影响最小,垂直度控制更容易。

扣塔塔架安装完成后,对塔架进行竣工测量。观测结果显示,下游侧塔架偏北4.0cm、偏东1.5cm,上游侧塔架偏北3cm、偏东2.1cm,优于$H/2000$要求,垂直度控制良好。

塔式起重机与塔架相对位置关系如图4-6所示。

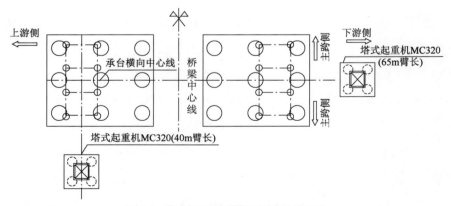

图4-6 塔式起重机与塔架相对位置关系图

4.1.5 小结

扣塔顶部偏移受塔式起重机柔性特征影响,设计各种工况,获取塔架轴线基准,得到塔顶偏移修正曲线。在扣塔塔架安装过程中,合理利用塔式起重机附着力及塔顶偏移修正值,调整垂直度。此方法缩短了施工时间,保证了节段安装的精度和整体垂直度。

4.2 可变视线高法缆索垂度水准测控技术

4.2.1 技术背景

缆索起重机可在拱上进行跨越吊装作业,适用于深水、河谷、通航繁忙的河道、复杂地形的拱桥吊装施工,具有跨径大、效率高、起吊重量大的优点。缆索起重机不仅能垂直起吊,还能长距离水平运输,对环境的适应性强,被广泛运用于桥梁建设、水利建设等土木工程领域。

大跨径拱桥多位于山区峡谷地带,施工时一般先行安装缆索起重机系统,后通过缆索起重机系统辅助完成各主拱节段的吊装。在缆索系统的安装过程中,主索的高程及其相对高差的测量控制工作面临着地理环境和风场的多重影响,给辨识缆索编号和快速测量带来困难,从而导致测量工作时间长、测量精度差、可靠性低等问题。

缆索起重机的缆索垂度控制是缆索系统施工测量中的一个难题。现有的缆索垂度测量技术通常使用全站仪单向三角高程测量、悬高测量、无棱镜测量等方法。但在实际工作中,全站仪架站位置一般只能选在两岸靠近桥头处;悬高测量时,仪器视线和桥轴线夹角较小,不易找准缆索最低点,测量误差大,数据可靠性低;无棱镜测量时,因为缆索的晃动幅度较大,难以照准目标。无论是悬高测量还是无棱镜测量,缆索离地面高差大,索股间距小、数量多,缆索垂度调整前索股高低不平,不能快速分辨并测量索股。

4.2.2 缆索起重机系统介绍

本书以秭归长江大桥为例,简要介绍缆索起重机系统构造。

缆索起重机缆索系统包括主索、牵引系统、起重系统、缆风系统和索鞍等(图4-7)。主索在上、下游侧各布置1组,每组由12根钢丝绳组成。主索通过缆塔顶部的主索鞍,锚固于两岸缆塔锚碇。主索北岸串联一台满足使用吨位的滑轮组作为调索系统,并锚固于主索锚碇的锚固梁上。缆塔风缆包括通风缆、后风缆。塔顶设2组6根合计12根钢丝绳通风缆相连。缆塔后风缆采用24根钢丝绳,在塔顶锚梁上锚固,在锚碇上设置调索系统。该桥采用了扣缆塔一体化的钢塔结构,扣塔的缆索系统不在此阐述。

其中,主索垂度允许偏差小于10cm,索间相对垂度允许偏差小于5cm。

4.2.3 常规缆索垂度测量方法

缆索垂度测量主要是控制各索间相对高差和相对塔顶垂度,缆索垂度测量的常规方法较为成熟,一般采用全站仪单向三角高程测量、全站仪无棱镜测量、全站仪悬高测量三种方法。

4.2.3.1 全站仪单向三角高程测量

单向三角高程测量的基本原理如图4-8所示。

图4-8中,自A点观测B点的竖直角α,S为A、B两点间水平距离,i为A点仪器高,v为B点棱镜高,考虑地球曲率和大气折光的影响,C为球气差常数,则A、B两点间高差H为:

$$H = S \cdot \tan\alpha + i - v + C \cdot S^2 \tag{4-1}$$

全站仪单向三角高程测量的精度与竖直角α、测量距离S、仪器高i、棱镜高v的精度有关。

第4章 缆索起重机系统测控技术

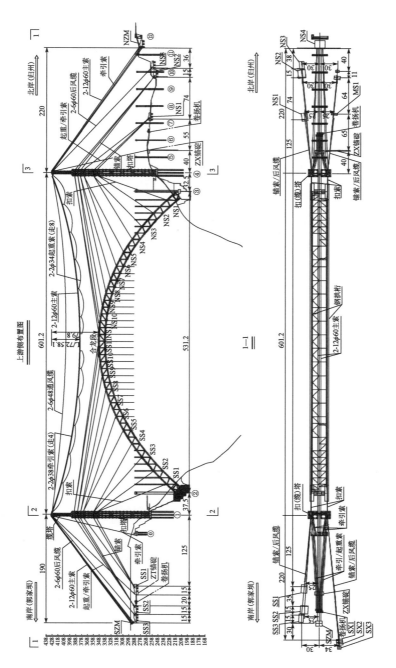

图 4-7 缆索起重机总体布置图（尺寸单位：m）

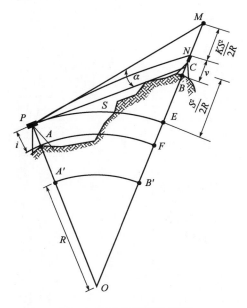

图4-8 三角高程测量示意图

A-全站仪设站点；P-全站仪中心；i-仪器高度；C-测站中心处的水平视线方向；B-观测目标点；v-棱镜高度；N-观测目标处棱镜中心；α-全站仪照准目标N的垂直角；A'、B'-A、B两点在参考椭球面的投影；E、F-目标点B在测站中心P及设站点A所在高程面上的投影；M-受到大气折光影响，视线PN在P处的切线方向；S-全站仪观测的AB两点间水平距离；K-大气折光系数；R-地球半径

由于悬索桥施工过程中设有猫道作为作业平台，悬索桥主缆垂度的测量通常采用单向三角高程法，便于人员在跨中位置安置棱镜。相对而言，拱桥缆索起重机主索不具备类似的作业环境，人员难以安置棱镜，无法进行单向三角高程测量。

4.2.3.2 全站仪无棱镜测量

全站仪无棱镜测量即运用无反射镜测距技术，通过全站仪接收漫反射的回波信号，实现测距。而漫反射随着入射角度的增大接收概率逐渐减小，测距越来越困难。

在无棱镜测量大跨径拱桥缆索起重机的缆索垂度时，考虑到全站仪不易找到与缆索面夹角较大的架设位置，漫反射入射角度小，加之缆索直径小、有效反射面有限，因此不宜采用全站仪无棱镜测量方式。

4.2.3.3 全站仪悬高测量

悬高测量是测定空中点到地面高差的方法,广泛应用于各种工程实践中。图4-9为缆索起重机缆索垂度的悬高测量示意图。

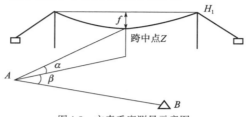

图4-9 主索垂度测量示意图

在不考虑地球曲率及大气折光影响的情况下,主索垂度计算见式(4-2):

$$f = H_1 - (H_A + I + D \times \tan\alpha) \qquad (4-2)$$

式中:f——主索垂度;

α——竖直角,取多测回观测平均值;

I——测站仪器高;

H_1——索鞍顶设计高程;

D——主索跨中点Z到控制点A的理论水平距离;

H_A——控制点A的已知高程。

在缆索垂度实际测量工作中,存在以下无法回避的困难:

(1)缆索跨中点一般距离仪器架设点较远,距离的增加会导致测量误差的放大。

(2)仪器视线和桥轴线夹角较小,不易找准缆索最低点,测量误差大,数据可靠性低。

(3)在岸边小夹角的观测视线中,索股高度密集,难以分辨,尤其是索股在风场等外力的干扰下,辨识更为困难。

综合上述原因,对于大跨径拱桥缆索起重机的缆索垂度测量,悬高测量法存在较大的实施难度。

4.2.4 可变视线高水准测量法

4.2.4.1 测量原理

发明了一种可以自由伸缩的水准测量装置。该装置安装在两岸塔架的合适高度上；在塔架上（水准测量装置旁即可）设置高程基准点，采用全站仪对向三角高程法将地面控制点高程传递至该基准点；调整水准测量视线高，使水平视线与缆索悬链线相切，以测定缆索最低点和高程基准点的高差，计算缆索垂度。

4.2.4.2 测量装置

一种伸缩式水准测量装置如图4-10所示，包括连接底座和水准测量装置。

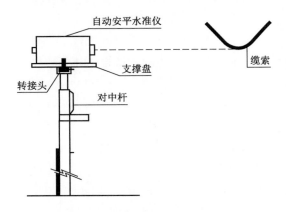

图4-10 伸缩式水准测量装置示意图

连接底座包括观测平台和竖直设置在平台上的钢管，平台应牢固稳定。

水准测量装置由可伸缩的对中杆、转接头、带孔支撑盘和自动安平水准仪组成。对中杆上设有刻度线，可用于准确调整水准仪高度。钢管上设置锁紧装置，固定对中杆。

4.2.4.3 实施步骤

（1）采用全站仪将缆索垂度设计高程放样至两岸塔架上。

（2）在放样的设计高程下方1.5m处设置伸缩式水准装置及观测平台。

（3）采用全站仪对向三角高程法，将两岸地面控制点高程分别引测至平台附近高程基准点，引测高程为H_1、H_2。

（4）两岸同步使用水准仪照准缆索，调节对中杆高度，使水准仪横丝与缆索的最低点相切。

(5) 在附近的高程基准点上立水准尺,读数为 A_1、A_2,得到水准仪视线高即为缆索最低点高程: H_1+A_1、H_2+A_2。取其平均值作为两岸同步观测的缆索垂度高程值。

(6) 根据测得缆索高程对缆索垂度进行调整。

水准测量装置测量缆索垂度示意图如图4-11所示。

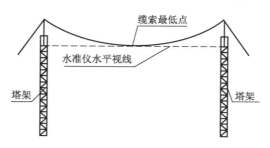

图4-11　水准测量装置测量缆索垂度示意图

4.2.4.4　精度分析

全站仪对向三角高程精度可以达到二等水准测量精度,高程基准的引测误差在缆索垂度测量中可以忽略,以下主要分析上述缆索垂度测量方法的精度。

(1) 地球曲率误差。

两点间的高差即为通过两点的水准面之间的铅垂距离,水准测量是一种在小范围内利用水平视线代替仪器水准面来测量高差的方法(图4-12)。

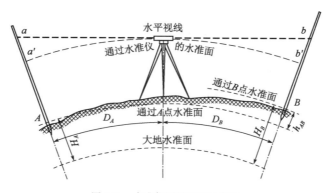

图4-12　水准仪测量原理示意图

图4-12中 aa' 和 bb' 是用水准仪的水平视线代替通过仪器的水准面的读数差,仪器至 A、B 两点的距离分别为 D_A 和 D_B。则地球曲率半径对高程的影响公式为:

$$\begin{cases} aa' = D_A^2/2R \\ bb' = D_B^2/2R \end{cases} \quad (4-3)$$

(2)水准仪 i 角误差。

根据水准仪 i 角,计算其对高差的影响值,可将其作为改正数消除或减弱 i 角误差的影响。

$$\delta = i \times d/\rho \quad (4-4)$$

式中:$\rho=206265$;

d——缆索垂度测量的水平视距;

δ——水准测量的 i 角误差。

(3)大气折光差。

在日光照射下,靠近地面的空气温度较高,空气上下对流明显,大气折光不稳定。缆索垂度测量中水准仪是架设在塔架上,远离地面,空气密度较为均匀,大气折光影响可以忽略不计。

4.2.5 应用案例

秭归长江大桥位于长江三峡库区兵书宝剑峡峡口处,两岸地形陡峻。进行缆索垂度测量时若采用传统方法,全站仪只能架设在桥头或侧岸。在桥头顺向观测时,视线与缆索轴线夹角太小,在侧向观测时,距离远,均无法清晰辨识密集的索体目标。因此,在实践中采用了可变视线高水准测量方法。

伸缩式水准测量装置包括连接底座和水准测量装置。在平台上焊接连接底座,将水准测量装置固定在两岸塔架上;通过对向三角高程法将高程基准传递至平台处,采用可变视线高水准测量法测量缆索垂度(图4-13)。

可变视线高水准测量法操作简单,测站设在塔架高处,不受地面环境影响。在两岸同步进行观测,可实现结果的相互检核。地球曲率、大气折光及水准仪 i 角的影响可以计算改正或忽略。该方法使得观测效率有了质的飞跃。

第4章 缆索起重机系统测控技术

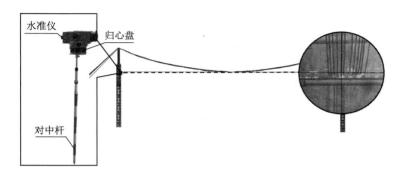

图4-13 测量新方案应用示意图

主缆空缆调索完成后,对主索进行了竣工测量,结果见表4-3、表4-4。

上游侧主索垂度测量竣工表　　　　　　　　　　表4-3

编号	缆索实测垂度(m)	缆索设计垂度(m)	差值(mm)
1	36.765	36.790	-25
2	36.768	36.790	-22
3	36.798	36.790	8
4	36.804	36.790	14
5	36.798	36.790	8
6	36.815	36.790	25
7	36.787	36.790	-3
8	36.789	36.790	-1
9	36.812	36.790	22
10	36.785	36.790	-5
11	36.798	36.790	8
12	36.772	36.790	-18

下游侧主索垂度测量竣工表　　　　　　　　　　表4-4

编号	缆索实测垂度(m)	缆索设计垂度(m)	差值(mm)
1	36.814	36.790	24
2	36.778	36.790	-12
3	36.786	36.790	-4

续上表

编号	缆索实测垂度(m)	缆索设计垂度(m)	差值(mm)
4	36.800	36.790	10
5	36.774	36.790	−16
6	36.811	36.790	21
7	36.782	36.790	−8
8	36.780	36.790	−10
9	36.815	36.790	25
10	36.790	36.790	0
11	36.796	36.790	6
12	36.770	36.790	−20

注：编号从内往外1~12。

从表4-3、表4-4数据结果可知，缆索垂度偏差最大值为25mm，相对较差最大值为50mm，远小于规范限差，保证了缆索的受力均匀。

4.2.6 小结

可变视线高水准测量法不受地面环境影响，便于分辨索股，适用于各种地形下的缆索垂度测量，其精度高、速度快、经济性好，为后续类似缆索垂度测量提供一种新方法。

在实际应用中，应注意：

（1）大跨径索结构受温度影响比较大，如在秭归长江大桥项目中，当温度变化15℃时，垂度变化达到1m。因此，水准测量装置需具备较大的竖向调整空间。

（2）大跨径索结构受风场影响较大，测量工作应选择风力较小的时间段。

4.3 锚固系统精确定位测控技术

4.3.1 技术背景

在推力拱桥斜拉扣挂法施工中，缆索起重机和拱座均有锚固系统。缆索起重机锚固系统通过将缆索起重机的主索、牵引索等关键索具牢固地锚定在地面或预先设定的锚固点上,为缆索起重机提供稳定的支撑,确保整个吊装系统的稳定性和安全性。拱座锚固系统是拱桥结构的重要组成部分,需要承受拱桥结构的垂直荷载和水平荷载,并将这些荷载传递到地基中,以保证拱桥的整体稳定性。

在特殊桥梁施工中,锚固系统也是常见的重要的受力结构,这些锚固系统的测量定位原理基本一致,现场的各种定位方法均可纳入同一套理论体系。本书结合多个项目锚固系统定位应用案例,总结归纳了锚固系统精确定位的三种类型的装置及方法,提高了锚固系统定位测量精度和测量效率,降低了恶劣环境下人工置镜的安全风险。

4.3.2 锚固系统定位原理与方法

锚固系统设计位置一般为空间三维倾斜姿态,通过建立以轴线为基准的空间参考线,实时测定实际轴线和理论轴线的空间位置关系,指导现场安装。实测轴线与理论轴线计算可通过计算机编程的方式求出测点与参考线之间的相对位置关系,直接得到测点在空间参考线上的里程、平面投影偏距、点到线的垂距,便于调整。测点与空间参考线位置关系示意如图4-14所示。

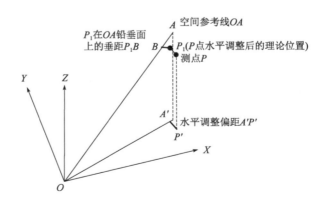

图4-14 测点与空间参考线位置关系示意图

测量基本方法如图4-15所示,基本操作步骤包括:

(1)以待测杆(管)件锚固点M三维坐标和前端点P三维坐标建立空间参考线。

(2)采集杆(管)件锚固点M和前端点P的三维坐标形成实测线形。

(3)将实测线形与参考线进行对比,计算其在空间参考线上的里程、平面投影偏距、点到线的垂距偏差值。

(4)通过定位支架上的调节装置,调整待测杆(管)件三个方向的位置。

(5)待测杆(管)件空间位置与姿态调整到位后,将待测杆(管)件与定位支架焊接固定,并再次复测其空间线形。

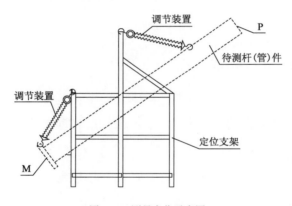

图4-15 测量定位示意图

4.3.3 锚固系统定位技术应用案例

对于锚固系统中的一些圆形杆(管)件定位,其轴线处于中空或实体内部没有直接的物理接触点,直接测量困难,通常借用辅助工装,创建可直接置镜的特征点,人工置镜进行测量定位,其对中精度及稳定性受操作人员的熟练程度影响,在高空、大风等恶劣环境下,也存在一定的安全隐患;当杆(管)件截面设计有多种直径时,则需要加工多套辅助装置用于现场施工定位,增加了携带难度。

为此,在总结以往传统定位辅助装置的基础上,根据不同锚固件的结构形状及现场环境条件,提出了3种类型的测量辅助装置用于锚固系统定位测量,以提高测量工作的效率和降低安全风险。

(1)端部外卡式测量辅助装置。

示例一:秭归长江大桥拱座钢拉杆,单根长7.5m,重0.8t,竖向角度48.382°,处于兵书宝剑峡峡口,山体陡峭,常年受大风影响,且持续时间较长。传统锚固系统定位测量方法需要测量人员攀爬至端部进行人工置镜,且测量时受大风环境影响,手持棱镜对中整平难度大,高空作业安全风险高。秭归长江大桥拱座钢拉杆及支架设计示意图如图4-16所示,拱座钢拉杆效果图如图4-17所示。

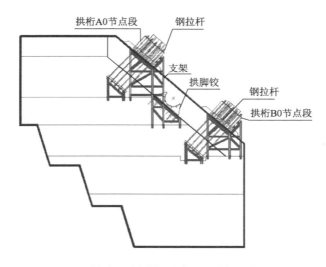

图4-16 秭归长江大桥拱座钢拉杆及支架设计示意图

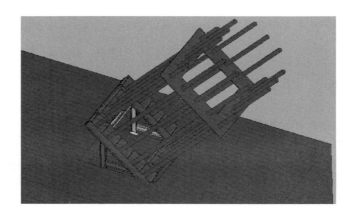

图4-17 秭归长江大桥拱座钢拉杆效果图

为此,研制了一种用于工程测量的圆形杆件轴线测量装置(图4-18),可卡住圆形杆件的端部,再通过观测该装置两侧对称的棱镜头三维坐标,取平均值计算得到圆形杆件端部轴线的中心三维坐标。

图4-18 一种用于工程测量的圆形杆件轴线测量装置

示例二:左云十里河桥全长180m,跨径布置为3×30m+3×30m,主梁采用预应力混凝土连续箱梁,并设置钢结构装饰拱,钢拱下锚管与现浇梁同步施工。该项目成功应用了一种索道管定位测量夹具(图4-19),实现了快速定位。该装置外形小巧,加工简单,使用方便,尤其适用于小直径锚固系统定位。

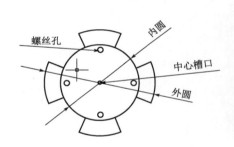

图4-19 索道管定位测量夹具及应用照片

(2)管身外卡式测量辅助工装。

示例一:香溪河大桥为主跨470m双塔组合混合梁斜拉桥,东、西索塔各有17对斜拉索。1号、2号斜拉索通过索道管直接锚固于主塔齿块上,其余15对斜拉索锚固于预埋于主塔内的钢锚梁上,其中1号斜拉索从塔柱合龙段底部穿出。

合龙段高10.0m,采用钢结构牛腿支架法施工。先安装圆弧底模,再安装劲性骨架,然后利用劲性骨架进行1号索道管定位。由于1号索道管出塔口与圆弧底模严密贴实,无法直接测量管口中心坐标。1号索道管与主塔合龙段空间关系效果图如图4-20所示。

第4章 缆索起重机系统测控技术

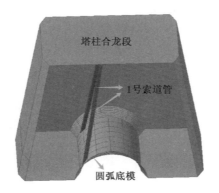

图4-20 1号索道管与主塔合龙段空间关系效果图

因此,项目中采用U形卡具配合常规工装进行索道管精调,解决了管道出口轴线位置被占用、无法直接测量的难题,如图4-21所示。

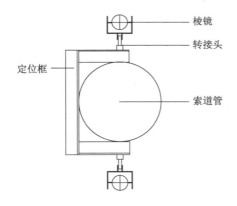

图4-21 索道管定位测量U形卡具及应用照片

U形卡具可卡在索道管下端,三边与管道外壁严密贴实,通过测量两侧棱镜的三维坐标来计算索道管中心三维坐标。

索道管精调到位后,对其进行复测。复测至少测量2测回后,将出口端定位工具绕轴线旋转180°,再次测量2测回,两次测量结果误差不大于2mm,取其平均值作为最终结果。

示例二:童庄河大桥主桥为主跨320m双塔双索面混凝土梁斜拉桥,主梁为钢筋混凝土梁,采用牵索挂篮施工工艺,主梁索道管先穿索后定位,轴线被斜拉索占用。采用了上述U形卡具,解决了穿索后索道管轴线无法直接测量的难题。牵索挂篮索道管端口现场应用如图4-22所示。

图4-22 牵索挂篮索道管端口现场应用

(3)穿心轴线内撑式测量辅助装置。

示例一:太原摄乐大桥主桥为独塔空间扭索面斜拉桥结构形式,斜拉索布置形成空间曲面。现场先安装钢主梁后安装索道管,索道管安装时,其锚固点已被翼缘板遮挡,仅从梁面露出索道管出口,锚固点隐蔽于实体结构(钢锚箱)内,常规方法无法直接测量。项目中应用一种穿心内撑式装置,将其放置在索道管中,测量计算索道管内轴线隐蔽点坐标,如图4-23所示。

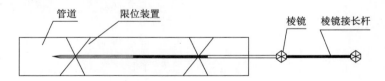

图4-23 穿心轴线内撑式测量辅助工装

该装置主要运用共线方程和空间距离方程获取隐蔽点空间坐标。

该装置可放置在圆形管件内部,通过变换棱镜杆长度,测量2次棱镜坐标及其棱镜杆的长度。利用共线方程及空间距离方程进行倾斜测量,计算索道管内隐蔽点坐标。

在实际应用中,需要注意棱镜头与索道管管口距离不宜过长,以免棱镜杆受自重产生挠曲变形,影响三点共线。同时,因为棱镜头伸出索道管管口空间距离有限,通过两次测量外延直线的方法推算底部锚固点坐标存在误差传递,该方法仅适用于索道管长度较短的情况。

示例二:浙江台州椒江二桥主桥为主跨480m的双塔双索面半封闭钢箱组合梁斜拉桥,项目中采用了用于斜拉桥塔柱索道管精确定位的钢内模(图4-24)。将钢内模穿入索道管中,V形槽所在的空间直线即为索道管的中心线。沿着索道管中心线移动该钢内模,可以把本来不存在的索道管中心线虚线变成实线直接定位测量。根据测量结果,可对索道管进行多次精调定位,使其达到索道管的高精度定位要求。待索道管定位完成后,可将钢内模抽出,用于下一个同型号索道管的精确定位。

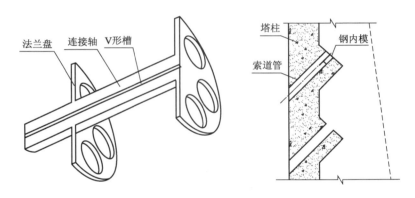

图4-24 用于斜拉桥塔柱索道管精确定位的钢内模示意图

4.3.4 小结

工程实践表明,三种类型测量辅助工装可满足各种不利条件(高空、大风、视线遮挡、施工干扰等)下的锚固系统定位需求。而对于大跨径桥梁,可根据锚固系统承受的荷载大小,选择不同的截面尺寸,因此锚杆(管)直径尺寸多样。上述工装仅有单一直径功能,可在此基础上改进装置,针对同一工程项目锚固系统杆(管)件的不同型号,实现跃迁式变径;进一步研究后,可实现针对不同项目普适性需求的连续变径。

第5章 桁架拱肋拼装的测量与控制

大跨径钢桁拱桥桁架、拱肋杆件多、节点多,为实现制造阶段、现场安装阶段精确控制各节段的节点坐标,研究应用虚拟骨架法定位技术,指导主拱桁架整节段安装定位;研究应用安装监测一体化测量技术、悬臂端主拱绝对高程及相对高差精确测量技术,指导主拱杆件散拼安装定位。

5.1 桁架拱整节段吊装虚拟骨架法定位技术

5.1.1 技术背景

大跨径桁架拱等空间异形桥梁不仅仅是一座跨越障碍、方便出行的工程实体,更是一件空间艺术品。其构造形式新颖,空间关系复杂,外显特征点少,现场测量定位困难。为此,研究应用了虚拟骨架法定位技术,重新构建构件的测量特征点框架,间接获取各隐蔽特征点坐标,实现整节段吊装施工线形的精确控制。

5.1.2 虚拟骨架法测量技术原理

以异形结构上设计基准点(一个特征点+一个或多个方向点)作为公共特征点,建立一个"虚拟骨架",完成"虚拟骨架"的相对坐标与施工设计坐标的转换,并扩展测量定位点数量,形成"虚拟骨架网"。安装构件时,通过测量扩展的虚拟骨架控制异形结构的设计位置,实现异形结构设计位置的精准"复位"。

5.1.2.1 建立虚拟骨架

建立虚拟骨架通常采用"一点一方向"法和多点定位法两种方法,适用于不同的异形结构。

"一点一方向"法:适用于只有一个显性特征点,其他部位均为曲线的结构,如图5-1所示。定义"O"点为原点,OA方向为X方向,建立坐标系。$Z1$、$Z2$、$Z3$、$Z4$、A为便于定位骨架结构的新增测量点,基于"虚拟骨架"、测量特征点和测量定位点的数学关系,建立异形结构的"虚拟骨架网"。

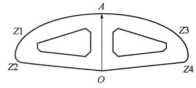

图5-1 异形结构虚拟骨架("一点一方向"法)

多点定位法:适用于有两个及以上特征点的结构。如图5-2所示,自定义XY坐标系,$A1$、$A2$、$B1$、$B2$为异形结构特征点,$C1$、$C2$、$C3$、$C4$为便于定位异形结构的扩展测量点(测量定位点),基于"虚拟骨架"、测量特征点和定位点的数学关系,建立异形结构的"虚拟骨架网"。

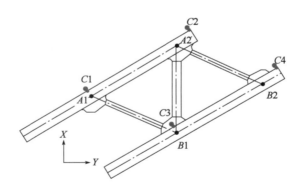

图5-2 异形结构虚拟骨架(多点定位法)

5.1.2.2 复位虚拟骨架

因为建立虚拟骨架网的"骨架"和现场施工控制网的坐标系不一致,需通过平移和旋转将"虚拟骨架网"坐标系转化为施工控制网坐标系。转换方法采用布尔莎数学模型,如式(5-1),计算七参数。

$$\begin{bmatrix} X_2 \\ Y_2 \\ Z_2 \end{bmatrix} = m \begin{bmatrix} X_1 \\ Y_1 \\ Z_1 \end{bmatrix} + \begin{bmatrix} 0 & \varepsilon_z & -\varepsilon_y \\ -\varepsilon_z & 0 & \varepsilon_x \\ \varepsilon_y & -\varepsilon_x & 0 \end{bmatrix} \begin{bmatrix} X_1 \\ Y_1 \\ Z_1 \end{bmatrix} + \begin{bmatrix} X_0 \\ Y_0 \\ Z_0 \end{bmatrix} \qquad (5\text{-}1)$$

式中:X_1、Y_1、Z_1——"虚拟骨架网"坐标系;

X_2、Y_2、Z_2——施工控制网坐标系;

X_0、Y_0、Z_0——平移参数;

ε_x、ε_y、ε_z——旋转参数;

m——尺度变化参数,一般取$m=1$。

利用至少3个公共特征点坐标,采用最小二乘法解得坐标转换七参数,如图5-3所示。根据转换参数将测量定位点从"虚拟骨架网"坐标系转换至施工坐标系,作为施工控制的依据。

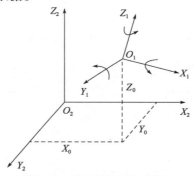

图5-3 三维坐标系转换示意图

5.1.3 应用案例

以湖北秭归长江大桥主拱安装测量为例,展开虚拟骨架法定位技术的应用。

5.1.3.1 项目概况

秭归长江大桥主桥为主跨531.2m的中承式钢桁架拱桥,拱肋采用空间变截面桁架式结构,桁架采用双片主桁,上下游两榀主桁平行布置,通过纵横连接系栓接连接,如图5-4所示。

桁架拱安装采用节段整体吊装方案,两个主桁节间(含上下弦杆、整体节点、腹杆)组成一个整体吊装节段,分段进行架设,在整体吊装情况下,拱肋整体刚度很强,不易发生变形。

第5章 桁架拱肋拼装的测量与控制

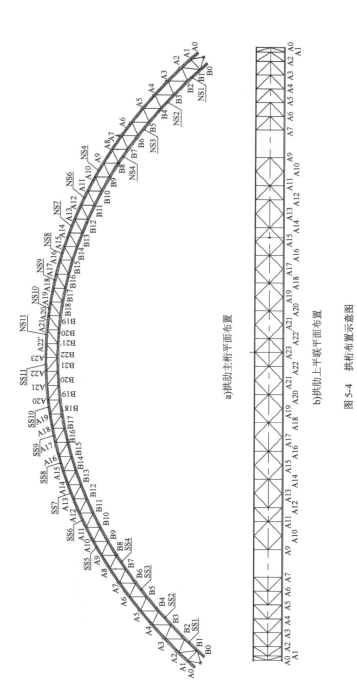

图 5-4 拱桁布置示意图

117

5.1.3.2 拱桁预拼测量

拱桁杆件单元制造完成后,对拱桁进行预拼装(图5-5),以检测匹配精度,从而保证桥上安装顺利,确保安装精度。拱桁采用"3+1"连续平面辗转法预拼装。

图5-5 拱桁连续预拼

预拼前在拼装场地建立测量控制网,平面为公路三等水准要求,高程为国家三等水准要求。

拱肋节段在胎架上进行卧拼,胎架应严格控制水平精度。拼装前在地坪上放样出预拼拱肋节段的基准线及定位点(图5-6),每拼装一个单元按定位基准校验和调整,及时检查并处理超差,避免误差累积。

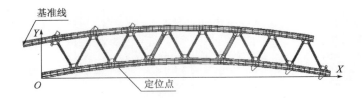

图5-6 拱肋预拼装测量坐标控制系统

拱肋预拼装完成后,检查整体拼装线形。在每节段拱肋节点附近布置4个测量定位点(图5-2),定位点采用螺杆+转接头+棱镜的组合形式。以场内测量控制点为基准架设全站仪建站,测量每节段拱肋节点(A1、A2、B1、B2…)和定位点棱镜坐标(C1-C4…),把拱肋整体抽象为由拱肋节点、棱镜点(定位点)组成的空间虚拟骨架结构,通过建立布尔莎数学模型进行坐标系转换,将场内预拼的拱肋节点坐标、定位点坐标转换为现场安装工况下的拱肋节点坐标、棱镜点(定位点)坐标,见表5-1。

拱肋整体坐标转换数据　　　　表5-1

节段	编号	预拼测量坐标			转换后安装理论坐标			备注
		X(m)	Y(m)	H(m)	里程(m)	偏距(m)	高程(m)	
SS1	A1	34.658	37.230	100.602	706.358	-13.449	235.932	主桁节点
	A2	46.431	48.506	100.603	718.132	-13.450	247.208	
	B1	46.907	32.372	100.600	718.608	-13.447	231.074	
	B2	58.591	43.550	100.605	730.291	-13.452	242.251	
	C1	35.009	38.256	100.886	706.710	-13.733	236.958	棱镜定位点
	C2	46.621	49.318	100.890	718.321	-13.737	248.020	
	C3	46.915	33.135	100.913	718.616	-13.760	231.837	
	C4	58.501	44.237	100.905	730.201	-13.752	242.939	

5.1.3.3　拱肋安装测量

拱肋构件通过船运至桥位处,利用缆索起重机从水上起吊,采用斜拉扣挂法进行安装。主拱分节段南北岸对称架设,至跨中合龙。单个标准节段上下游主拱拱肋、横撑分别采用整体桁片安装,平联采用散拼。

主拱安装以线形控制为主,索力控制为辅。主桁节段安装中的空中吊装姿态控制、单片主桁安装定位、主桁整节段定位测量,主桁悬臂架设过程中、封铰前、合龙前的整体线形测量,均采用虚拟骨架法进行。

(1)空中吊装姿态控制。

采用三维坐标法,测量桁片上棱镜点(定位点)三维坐标,获取其空间相对关系,快速反演单片主桁空间姿态,指导空中吊装姿态的调整。单片主桁空中吊装姿态控制示意如图5-7所示。

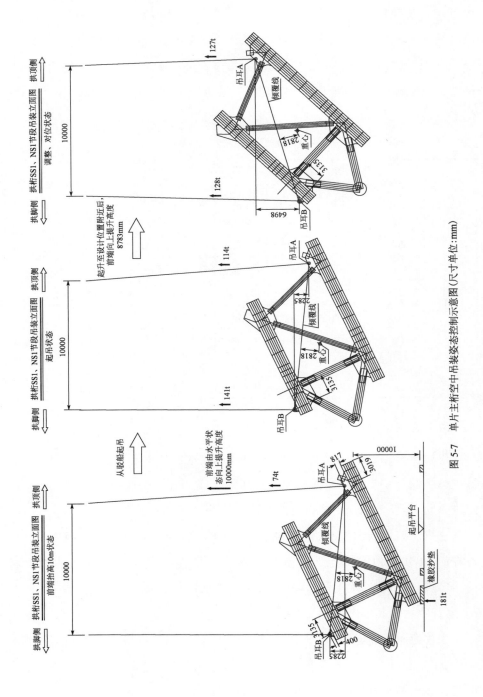

图 5-7 单片主桁空中吊装姿态控制示意图(尺寸单位:mm)

(2)主桁安装定位测量。

将全站仪架设在岸边控制点上,观测桁片上棱镜点(定位点)三维坐标,与转换后的棱镜施工坐标进行比较分析,计算桁片在里程、横向和高程方向的偏差值,并结合监控指令调整至虚拟骨架的理论状态。张拉调整过程中持续测量单片主桁,及时分析测量数据,调整拱肋偏差,直至满足监控指令和规范要求。主桁节段安装过程中,需要同步测量塔顶偏位,确保扣塔安全的同时避免因上下游塔肢扭转引起桁片轴线横向偏位。

主桁安装定位测量如图5-8所示。

(3)整体线形测量。

主拱架设过程中、封铰前、合龙前对整体线形进行测量,采用三维坐标法测量每节段点棱镜(定位点)三维坐标,与相应工况转换后棱镜施工坐标进行比较分析,对悬臂线形进行调整。

主拱合龙如图5-9所示。

图5-8 主桁安装定位测量

图5-9 主拱合龙

5.1.4 小结

虚拟骨架法定位技术通过在异形整体结构上建立一个"虚拟骨架网"来实现定位点数量的扩展,即使一些点位被遮挡时仍能进行定位测量,适用于无特征点或少特征点的整体结构,从场内整体结构预拼至现场吊装,结构稳定无变形,对于杆件一类柔性结构,需注意杆件吊装时的变形影响。

5.2 基于微型磁力棱镜装置的桁架拱肋散拼定位技术

5.2.1 技术背景

大跨径钢桁拱采用整节段吊装施工,对运输条件、施工场地和吊装设备要求较高,当不具备上述施工条件时,往往需要采用单杆件散拼吊装的方法进行施工。

如武汉汉江湾桥,主桥为132m+408m+132m三跨连续钢桁系杆拱桥,主跨矢高90m。边跨钢梁在支架上散拼定位,中跨采用斜拉扣挂悬臂法施工,利用拱上起重机单杆件散拼吊装定位。

单杆件散拼吊装在测量定位与线形测量中存在以下难点:

(1)人员在钢桁拱上立棱镜进行测量,高空作业安全风险高。

(2)单杆件散拼吊装,外显特征点少,杆件位置与姿态测量难度大;杆件数量多,安装过程中结构工况复杂,监测难度大。

(3)主拱结构高度大,而地面地形平坦,大高差下主拱高程的高精度测量难度大。

(4)在地面分别测量主拱上、下游高程,间接推算相对高差存在误差累积,测量精度不高。钢结构受到温度、日照、风力等环境影响,悬臂端高程长期处于变化状态,如不能快速测量高程,将降低相对高差结果的可靠性。

结合武汉汉江湾桥施工,基于3D打印技术,定制了微型磁力棱镜、立方体磁力棱镜及基于静力水准的磁力棱镜等一系列工具,研发了贯穿主拱场内预拼、桥位安装、变形监测多个阶段的安装监测一体化等相关测量技术,对桁架拱的散拼定位具有重要意义。

5.2.2 磁力棱镜

大跨径桁架拱肋散拼定位及线形监测工作中,在桥梁施工过程中,一般在节段前端环口处预先埋设转接头作为测点，在施工各阶段安装棱镜进行观测。但这种方法存在以下缺陷：

（1）无法直接测量主拱节点，而是通过测量其他点（前端环口或顶部测点）间接推算节点坐标，存在误差传递的偏差，测量定位及线形监测结果可靠性低。

（2）转接头安装过程中，多采用焊接方式，会造成杆件损伤，破坏及污染涂装表面，增加了后续处理工作。

（3）在主拱场内预拼阶段，受杆件多次倒运的影响，预先埋设的转接头容易发生变形或被破坏，无法满足现场测量要求。

为此，研发了一款微型磁力棱镜装置，安装在杆件节点上，能够精确定位且便于安拆。该装置主要由子母强力磁铁（中心留孔）、底座、镜头卡具、角锥棱镜组成，组装快捷简便，材料成本低。微型磁力棱镜装置、部件如图5-10、图5-11所示。

 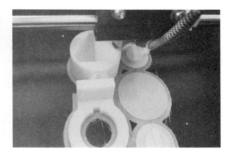

图5-10　微型磁力棱镜装置图　　　　图5-11　微型磁力棱镜部件图

微型磁力棱镜布设在拱肋杆件外侧节点上（图5-12），该棱镜装置可以实现360°旋转，用于任意角度的观测。

图5-12　微型磁力棱镜安装在节点位置

主拱节段安装到一定高度后,为精确控制主拱节段高程(减弱大气折光差影响),研发了立方体磁力棱镜(图5-13),用于高程基准点的布设与高程传递;研发了基于静力水准的磁力棱镜装置(图5-14),用于测量主拱绝对高程及上下游相对高差。

图5-13 立方体磁力棱镜效果图

图5-14 基于静力水准的磁力棱镜装置

5.2.3 基于磁力棱镜的主拱预拼、安装、线形测量技术

5.2.3.1 场内预拼装测量

杆件加工时,在距离环口10cm处和节点处布设深度不小于2mm的标记点。

在场内布设控制网,对主拱采用辗转卧拼法进行预拼。预拼测量时,在各杆件标记点上安装微型磁力棱镜,测量各杆件上标记点坐标作为验收成果,其测量方法与整节段拼装一致。主拱弦杆场内预拼装如图5-15所示,主拱弦杆场内验收测量如图5-16所示。

图5-15 主拱弦杆场内预拼装图

图5-16 主拱弦杆场内验收测量图

对于位于边跨曲线变宽段的节间,空间结构复杂,尤其是杆件设计为以直代曲在节点处弯折(图5-17),其卧拼姿态呈V形,根据图纸标注尺寸计算放样坐标极为困难。

图5-17　主拱弦杆以直代曲弯折示意图

利用BIM模型将主拱设计姿态转换为卧拼姿态,衍生主拱杆件的深化设计图纸及预拼胎架的设计图纸,用于杆件制造、预拼施工及检查验收。

预拼验收前,取出BIM模型中预拼的主拱节间,采用高精度全站仪采集节点及标记点三维坐标,与理论模型进行三维匹配,得出预拼总长、节间长度、高度、轴线等的差值,指导预拼装施工。

主拱BIM建模如图5-18所示,场内预拼测量验收图纸如图5-19所示。

图5-18　主拱BIM建模

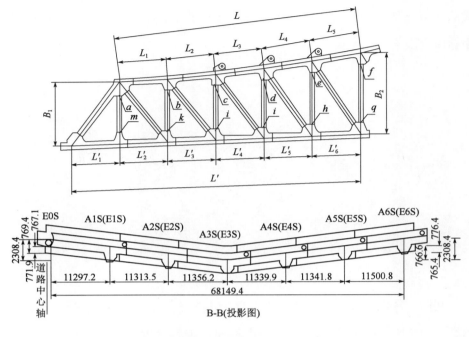

图5-19 场内预拼测量验收图纸(尺寸单位:mm)

5.2.3.2 桥位主拱安装定位

连续钢桁拱安装定位之前,完成施工控制网的加密和复测等准备工作。

(1)边跨主拱安装定位。

边跨梁、拱在支架上按先梁后拱的顺序逐节散拼。构件从边墩开始向中跨方向逐节间匹配架设,主桁由下至上,两侧同步推进。单个节间构件安装顺序为:桥面板→下弦杆→竖杆→斜杆→上弦杆→平联、横撑。具体实施步骤如下:

①在支架上放样出杆件底部高程,抄平。

②放样出待安装杆件轴线及杆件端部定位点。

③杆件采用阴阳头耳板进行初定位。杆件吊装落位后,将在待安装构件上设置的阳头耳板穿入已安装构件上的阴头耳板,打入销轴,并在箱室内加上固定垫座完成初定位。

④初定位完成后,采用高精度全站仪测量杆件的两端顶面,距离杆件拼接环口处10cm位置,测量其轴线偏位、高程、扭转、梁端里程等,进行微调,完成精确定位。

⑤重复上述工作,继续下根杆件的安装。

边跨支架测量验收如图5-20所示,边跨杆件安装测量如图5-21所示。

图5-20 边跨支架测量验收

图5-21 边跨杆件安装测量

(2)中跨主拱安装定位。

中跨拱肋上下弦曲线方程均为二次抛物线,均由54个节点组成,每个节点之间用直线连接,以直代曲,构成主拱线形。主拱节点BIM模型示意图如图5-22所示。

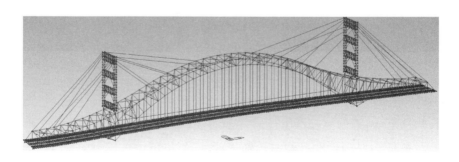
图5-22 主拱节点BIM模型示意图

中跨采用斜拉扣挂悬臂法施工。主拱设3对吊索,结合边跨配重分级张拉加载,利用拱上起重机单杆件散拼吊装。拱肋安装顺序为上游侧下弦杆→下游侧下弦杆→斜杆→竖杆→上游侧上弦杆→下游侧上弦杆→平联。

拱肋杆件安装示意图如图5-23所示,下弦杆安装定位测量、主拱整节间安装验收测量如图5-24、图5-25所示。

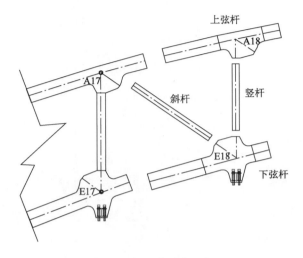

图5-23　拱肋杆件安装示意图

图5-24　下弦杆安装定位测量　　　图5-25　主拱整节间安装验收测量

中跨弦杆纵向坡度大,安装过程中需要调整弦杆姿态。首先,利用BIM模型找到弦杆重心,根据重心及吊耳位置,调节钢丝绳长度,使弦杆起吊后满足安装姿态。然后,对位时,杆件采用销轴式连接,箱内设置承压板固定,完成初定位。最后,采用高精度全站仪测量杆件节点三维坐标,与监控指令对比,并检查桁高、桁宽、轴线偏位、里程、转角等,进行精调。安装完成后,继续安装下一根杆件。杆件吊装示意图如图5-26所示,悬臂端杆件阴阳耳板示意图如图5-27所示。

第5章 桁架拱肋拼装的测量与控制

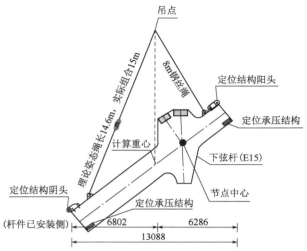

图 5-26 杆件吊装示意图(尺寸单位:mm)

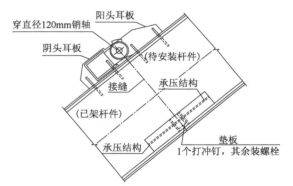

a) 杆件定位匹配侧立面图

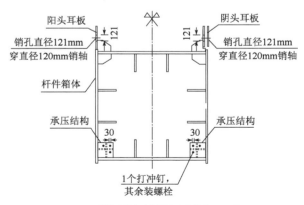

b) 阴阳耳板示意图(尺寸单位:mm)

图 5-27 悬臂端杆件阴阳耳板示意图

在有限元程序建立的钢桁拱桥空间模型中计算分析,杆件拼接环口容易受到焊接及栓接施工产生的变形影响,而整体节点的构造具有足够的抗疲劳强度,不易变形。主拱杆件的拼装定位和后续的线形控制及监测更适合直接测量节点三维坐标,将各阶段测量工作纳入统一的基准,实现安装定位及监测一体化。主拱各阶段线形示意图如图 5-28 所示。

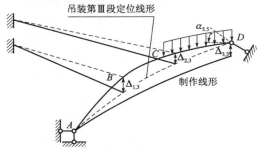

图 5-28　主拱各阶段线形示意图

为此,研发了一种可以在主拱弦杆上精确对准节点中心的微型磁力棱镜。提前在待安装杆件上,将微型磁力棱镜安装到杆件节点样冲眼处作为永久观测点(可在预拼阶段实施),在预拼测量→单根杆件定位→节间竣工→线形监测→合龙测量→成桥线形监测等一系列工序中均采用节点中心数据作为控制依据,形成一套钢箱桁拱桥安装定位及监测一体化的施工方法。

主拱杆件安装示意图如图 5-29 所示,主拱节点磁力棱镜安装如图 5-30 所示,主拱杆件吊装测量如图 5-31 所示。

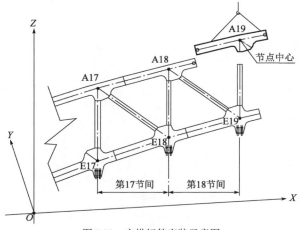

图 5-29　主拱杆件安装示意图

第5章 桁架拱肋拼装的测量与控制

图5-30 主拱节点磁力棱镜安装

图5-31 主拱杆件吊装测量

主拱施工至悬臂端第20个节间以后,竖直角角度不断增大,考虑到垂直大气折光差对全站仪三角高程测量的影响,使用地面高程基准点进行差分三角高程测量时难以满足主拱高程精确控制的需求。为此,研发并应用了一种立方体磁力棱镜(图5-32)和基于静力水准的磁力棱镜装置,用于主拱节段绝对高程及相对高差测量控制。

在主拱节段测量前,将立方体磁力棱镜布设在现场与主拱高程大致相当的位置(如现场塔式起重机等设施)。先采用二等水准测量方法将地面高程基准精确传递至承台顶面(图5-33),再采用全站仪天顶测距法将

图5-32 立方体磁力棱镜

高程基准传递至立方体磁力棱镜,作为主拱测量的高程基准点。该装置无须翻转,即测即用。利用高程基准点进行三角高程差分测量,获取主拱绝对高程。

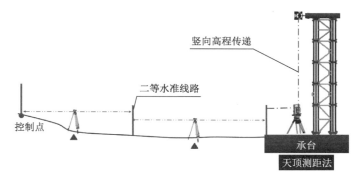

图5-33 立方体棱镜高程传递实施示意图

在完成差分三角高程测量后,得出主拱一侧节点位置高程,利用静力水准测量的原理,精确测量主拱上下游相对高差。基于静力水准的磁力棱镜装置如图5-34所示。通过直接读取上下游两侧量筒件内的液面与该侧指针之间的高差,获得两侧弦杆节点之间的高差,指导主拱上下游杆件高差的调整。同时,也可以直接测量该装置上的棱镜,用于复核上下游节点的绝对高程。

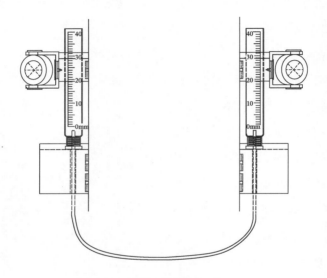

a)基于静力水准的磁力棱镜装置概念图

b)基于静力水准的磁力棱镜装置应用效果图

图5-34 基于静力水准的磁力棱镜装置概念图及应用效果图

5.2.3.3 主拱合龙前连续监测

基于武汉汉江湾桥钢桁拱温度场合龙前的监测数据,运用均匀温差分析方法,分析主拱节点线形变化规律(表5-2),发现连续钢桁拱的线形变化受温差影响显著。

杆件安装过程中温度均匀变化对悬臂端节点高程影响　　　　表5-2

节点编号	汉口侧高程变化量(mm)				汉阳侧高程变化量(mm)			
	10℃	15℃	20℃	25℃	10℃	15℃	20℃	25℃
A11	-0.5	1.2	1.5	1.9	0.4	1	1.3	1.7
A13	1.4	2.3	4.2	5.3	-1.1	2.4	2.5	3.7
A15	1.5	2.8	3.1	6.7	1.4	3.2	5.7	6.4
A17	2.1	4.2	5.9	7.2	1.8	4.8	5.9	7.1
A19	1.6	5.1	7.1	9.5	2.2	4.9	7.2	8.7
A21	1.1	5.5	8.6	10.2	1.6	5.8	8.9	10.9
A23	1.5	5.8	10.5	15.7	1.7	6.2	11.1	16.8

注:1. 表中正值表示高程降低,负值表示高程抬高;
　　2. 对比的初始测量数据的温度是9℃。

为了使主拱实现无应力合龙,需建立数值模型,对合龙口进行敏感性分析。通过主拱合龙前的线形测量,进行连续72h的变形监测,每2h观测一次,监测全桥线形变化情况,找出合龙口长度、高程及轴线偏位随时间和温度的变化规律。绘制纵向位移-时间-温度(合龙口尺寸)图、横向位移-时间-温度(日照)图、竖向位移-时间-温度(合龙前)图,如图5-35~图5-37所示。

经敏感性分析,主拱轴线偏位与日照方向有关,当太阳照在一侧,钢梁中线偏另一侧;合龙口的高程、里程变化与温度有关。经综合考虑,确定凌晨1:00—5:00进行合龙。

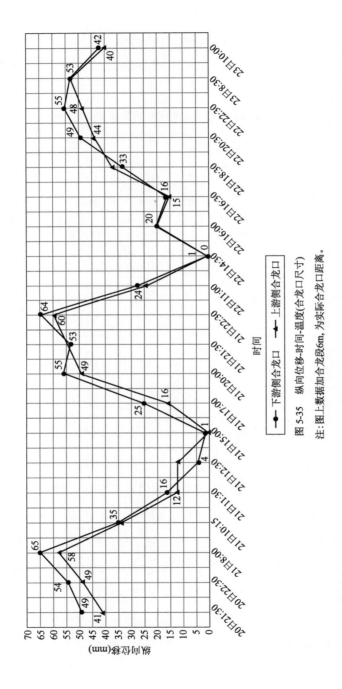

图 5-35 纵向位移-时间-温度(合龙口尺寸)

注：图上数据加合龙段6m，为实际合龙口距离。

第5章 桁架拱肋拼装的测量与控制

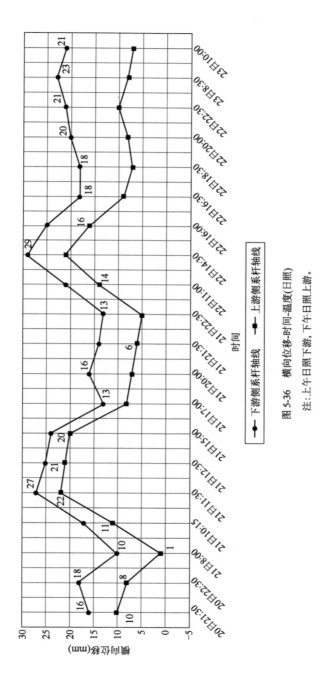

图 5-36　横向位移-时间-温度(日照)

注：上午日照下游，下午日照上游。

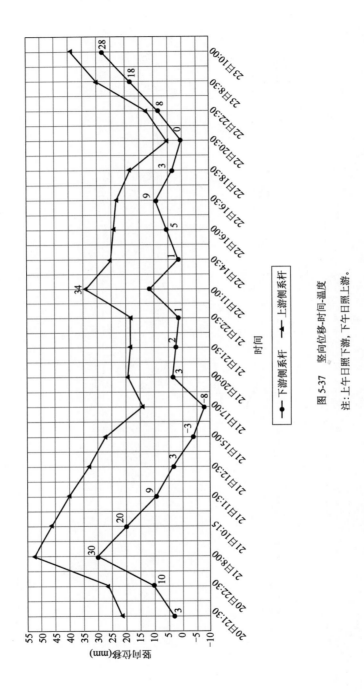

图 5-37 竖向位移-时间-温度

注：上午日照下游，下午日照上游。

5.2.4 小结

采用3D打印技术自制微型磁力棱镜,可实现直接定位杆件节点,并直接将测量出来的数据与BIM模型中的计算节点匹配,更精准地为下一节间提供数据支持。磁力棱镜的吸附能力实现了高空无接触定位测量,将同一套施工控制坐标、监测坐标、结构计算坐标融为一体,并最终实现测量定位与监测工作一体化,线形控制精度提高。在悬臂端超过一定高度和距离后,进行高程传递,建立高空高程基准点,利用该基准点采用差分三角高程测量获取主拱节段的绝对高程。使用3D打印技术及其他材料自制高程测量装置,依据静力水准的原理进行高精度相对高差测量。

本技术可应用于大跨径钢箱拱桥、钢桁架拱桥、钢管拱桥、钢桁梁桥,各种钢拱桥、钢梁桥的结构制安施工,缩短了主拱弦杆、主梁安装定位的施工工期,降低了测量成本,保障了主拱及主梁线形及杆件安装定位测量精度及成果的可靠性。

第6章 基于GNSS连续监测的大跨径钢架测控技术

大型高耸临时设施在日照、温度、风场等外部环境及施工荷载影响下,变形与形变持续发生。当变形速率或变形量过大时,会影响结构的正常使用,甚至危及结构安全。生产实践中需要采集变形数据,研究结构变形规律,采取相应措施,消除安全隐患。在大跨径钢桁拱桥施工过程中,随着结构及荷载的不断变化,其主拱线形不断变化,采集并研究其变化规律,在结构有限元模型中进行参数识别及修正,逐节预测指导后续各节间施工。

近年来,GNSS技术不断发展,精度、稳定性、抗干扰能力不断提高,并具有自动采集、存储、传输等功能,被越来越多地用于钢结构的变形与形变监测中。

6.1 GNSS高耸临时设施监测技术

6.1.1 技术背景

桥梁施工监测从总体上看包括几何(变形)监控、应力监控、稳定控制和安全监控。其中,几何(变形)监控主要是获取(识别)已形成的结构的实际几何形态,包括高程、跨长、结构线形、结构变形或位移等。几何(变形)监控对施工控制、危险预警非常关键,应用的主要仪器包括水准仪、全站仪、位移传感器等。

目前,大多数大跨径钢桁拱桥施工中,扣塔、缆塔等高耸临时设施监测以全站仪、传感器测量为主。全站仪需要在大气稳定、成像清晰的条件下进行观测,在风、雨、雾、雪等恶劣天气条件下,其应用受到限制;在野外工作中不能连续采集数据,所获得的数据量相对较小,影响分析的准确性和全面性。而传感器存在采集数据量程有限、易受干扰的问题。此外,卫星定位技术和RTK实时动态差分测量技术在桥梁施工监测中逐步应用。

GNSS作为处于应用阶段的新兴技术,可以克服气候条件的限制,能在暴风雨等恶劣天气条件下进行全天候工作,可进行实时动态定位。监测点之间不需要通视,且得到的是不同监测点坐标的绝对值,能够直接测定结构物位移量。

6.1.2 GNSS技术在高耸临时设施监测应用的可行性

(1)高耸临时设施变形的特点。

由于结构特殊和高度显著,高耸临时设施常受到外力、温度和自重等因素影响。在外力作用下(如风、拉索等),设施顶部产生晃动和位移;当温度变化时,材料发生膨胀或收缩,特别是在日照作用下,随着温度变化,结构胀缩不均匀,结构自身产生偏移;自重及竖向荷载导致整体结构下沉和压缩,在不良地基上更明显。

(2)GNSS技术特点及可行性。

GNSS定位技术分为单点定位和差分定位两种。GNSS单点定位技术,在北斗卫星导航系统(BDS)/GPS联合静态精密单点定位(PPP)收敛后定位精度优于5cm,动态PPP收敛后水平方向精度优于8cm,高程方向精度约12cm。GNSS差分定位在工程测绘静态测量中精确度达到了毫米级,动态测量精度为厘米级别。单 GNSS 系统 RTK 的平面精度在 9~23mm 之间,高程精度在 30~39mm 之间,而 GPS/BDS 系统组合 RTK 的平面高程精度可在 5mm 之内。

根据规范、设计文件及计算书确定高耸临时结构顶部的最大允许位移,以其 1/10 作为监测精度,选择满足精度要求的监测方法。结合上述 GNSS 技术特点,判断其是否满足监测需求。

6.1.3 应用案例

6.1.3.1 项目概况

武汉汉江湾桥主桥为 132m+408m+132m 三跨连续钢桁系杆拱桥,全长 672m。主桥两侧边跨为变高度桁梁,中跨为钢桁系杆拱。拱顶至中支点高度为 100m,拱肋下弦线形采用二次抛物线,其矢高为 90m,矢跨比为 1/4.533。

根据施工方案,该项目采用斜拉扣挂法施工,其扣索塔架设置在主拱上弦 A11 节点,单个塔架总高 88m,上下游塔架中心间距 34m。单个塔架立柱采用 4 肢格构式,单肢立柱为 H 形截面,塔架底部与主拱上弦铰接,塔架顶部为锚箱段,上下游塔柱之间设置 4 道横向钢管连接系。

塔架作为重要的临时设施,会在不平衡力的作用下产生偏移。现场需要对其偏移状态进行全过程监测,以确保该临时设施的安全运行。吊索塔架塔顶在各工况下的理论最大位移量为 500mm。本次采用的 GNSS 系统——南方自动监测系统(South Deformation Monitoring System,SMOS)监测平台,基于北斗卫星监测解算算法技术,在采集 1h 以上原始数据的情况下,能实现平面±(2.5mm+0.5ppm)、高程±(5.0mm+0.5ppm)的解算精度,精度要求满足允许偏差 1/10 的要求。

6.1.3.2 测点布置

为了解吊索塔架在拱肋安装和吊杆张拉过程中的变形情况,上下游塔肢顶部各布设一个 SMOS 系统的 GNSS 位移栈,如图 6-1 所示。

第6章 基于GNSS连续监测的大跨径钢架测控技术

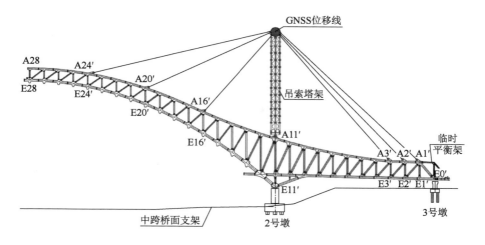

图6-1 GNSS位移栈布置示意图(尺寸单位:mm)

6.1.3.3 监测系统介绍

SMOS可以搭载多种与监测工作相关的传感器,采用了北斗卫星监测接收机和气象传感器,用于扣索塔架的顶部位移监测以及对应的气象环境监测。

SMOS监测平台包括数据采集与传输模块、数据解算模块、监测云三大部分,如图6-2所示。

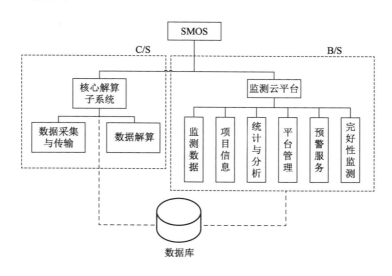

图6-2 SMOS监测平台结构总体框架

141

6.1.3.4 应用效果

SMOS监测平台位移桩监测结果的平面精度为2~3mm,满足高耸临时设施位移监测的精度要求,便于实时发现异常状态。正常状态下的塔顶位移曲线图和异常状态下的塔顶位移曲线图截图如图6-3、图6-4所示。

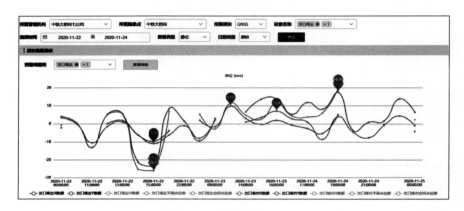

图6-3 正常状态下的塔顶位移曲线图(截图)

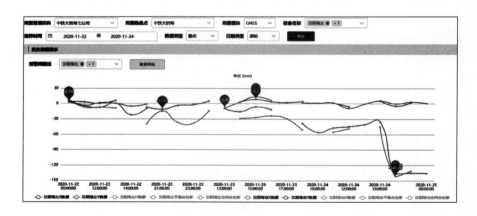

图6-4 异常状态下的塔顶位移曲线图(截图)

监测结果表明,该系统能够客观反映吊索塔架在不同工况下的变形;在施工过程中,塔偏变化随工况变化的波动性显著。合龙前期对一侧主拱进行试顶纵移,监测到塔偏发生位移140mm,预警效果良好。

6.1.4 小结

利用基于GNSS技术的SMOS监测平台,应用于高耸临时结构武汉汉江湾桥吊索塔架的施工监测,效果良好,其精度满足高耸临时设施的监测需求。但是,由于施工环境及自然环境的影响,其静态监测数据的连续性存在不足,仍需要进一步完善。

6.2 GNSS技术在钢桁拱桥监测中的应用

6.2.1 技术背景

GNSS技术应用于桥梁结构动态监测,凭借硬件和软件优势,采样率不断提高,在大跨径桥梁监测方面表现出独特的优越性:能测量高精度三维绝对位移,获取精度高于3×10^{-5}s的时间信息;能开展全天候监测;不受视线条件限制,不要求测站点之间互相通视。但是,由于存在与卫星、信号传播以及接收机有关的三类误差,观测精度受到影响。

自动照准型高精度全站仪(测量机器人)采用了自动目标识别(ATR)自动照准装置,观测速度快、测量精度高,已成为当前施工领域中位移(变形)监测的普遍手段。但其缺点也显而易见:受自然条件限制较大,如在台风、暴雨等恶劣天气下,激光将很难跟踪目标;实时性差;各测点不同步。

在工程实践中,往往会根据监测对象的结构形式、变形特点及环境条件,结合上述两种技术的优点,综合应用于监测工作中。

6.2.2 钢桁拱桥施工监测特点

大跨径钢桁拱,多采用加工厂内预制、现场悬臂拼装的方式进行施工。由于预制拱段形成后,在吊装过程中拱段几何状态(轴线长度)难以改变,同样需对拱段无应力加工状态作出正确预测。考虑到预制吊装施工是通过多段拱肋在空中组装而完成的,在什么样的状态下进行拱段接头处理以及处理到什么程度(固接还是临时固接)将直接影响成拱状态。悬臂拼装施工时,已成结构具有不可调整性,所以,对其进行预测控制是必不可少的。

随着主拱悬臂施工的结构及荷载不断变化,其线形也不断变化,采集并研究其变化规律,在结构有限元模型中进行参数识别及修正,进而逐节预测指导后续各节间施工。根据自适应施工控制基本原理,确保施工过程中拱桥的实际运行轨迹尽量沿着其理论参考轨迹平顺地运行,并最终达到预定的成桥状态。

6.2.3　GNSS技术在钢桁拱桥施工监测中的应用

6.2.3.1　GNSS技术在监测工作基点中的应用

(1)测点布置及监测方法。

为便于拱肋悬臂拼装过程中及吊杆张拉过程中的拱肋线形监测,包括拱肋的高程、轴偏及里程等。在钢拱上布置相应的监测点,纵向布置在钢桁拱节点中心线处,横向布置在主桁中心外侧面(图6-5)。在桥址附近布置一对相互通视的工作基点。工作基点采用强制对中墩。

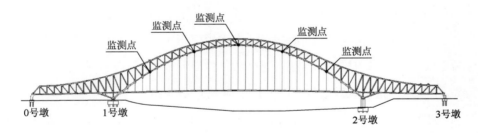

图6-5　测点布置图

拱肋架设过程中,随着工况的变化,拱肋变化幅度一般较大,在工作基点上架设全站仪观测拱肋变形;而工作基点变化速度一般情况下极其缓慢,过程中可同时使用静态GNSS技术监测工作基点。采用静态GNSS技术观测结果对全站仪测量结果进行修正,形成最终成果。

(2)精度分析。

在监测过程中,影响监测精度的主要因素来源于工作基点、全站仪、观测目标等,而全站仪的误差(对中、测距、测角等)以及观测目标误差(棱镜、反射片等)在其他各种文献中已有详细阐述,这里主要分析基于GNSS的SMOS工作基点的精度对全站仪设站的影响。

在工作基点上架设GNSS接收机(平面2.5mm+0.5ppm,高程5mm+0.5ppm)进行静态测量。因为工作基点位移是相对的,取最不利情况下,根据误差传播律,其照准后视的角度及误差方程为:

$$\theta = \tan^{-1}\frac{\Delta l}{s} \tag{6-1}$$

$$m_\theta = \frac{1}{s + \frac{2m_G^2}{s}} \tag{6-2}$$

式中:Δl——两工作基点相对中误差;

s——两个工作基点的间距;

θ——工作基点点位误差引起的全站仪定向误差;

m_θ、m_G——工作基点点位误差造成全站仪定向方向的中误差及GNSS静态测量的点位中误差。

在设站点对监测点进行测量,其误差方程为:

$$m_P^2 = m_S^2 \sin^2 Z + S^2 \cos^2 Z \left(\frac{m_Z^2}{\rho^2}\right) + S^2 \sin^2 Z \left(\frac{m_F^2}{\rho^2}\right) \tag{6-3}$$

式中: m_P——监测点的点位中误差;

S、Z——斜距、天顶距;

m_S、m_Z、m_F——斜距、天顶距、水平方向的中误差。

结合式(6-2)和式(6-3),可以看出,工作基点的点位精度主要对m_F有影响。其计算公式为:

$$m_F^2 = m_\alpha^2 + m_\alpha^2 + m_\theta^2 \tag{6-4}$$

取最不利情况下的S=300m,Z=60°,F=5°,取徕卡TS30的标称精度:m_S = ±(0.6mm + 1ppm),m_Z = ±0.5″,m_α = ±$\sqrt{2}$″,代入式(6-4)计算,不同位置的三维

坐标法测量时的误差小于3mm。

6.2.3.2 GNSS连续自动监测和全站仪监测成果对比

为充分发挥GNSS连续自动监测和全站仪的各自优势,在钢桁拱合龙口位置布设GNSS监测点和棱镜,与扣索塔架顶部监测点纳入同一套监测系统(图6-6),进行钢梁施工期间的GNSS连续自动监测;采用全站仪在安全环境条件下进行定期监测,图6-7为2020年11—12月合龙口GNSS监测点和邻近棱镜监测点高程变化成果对比。结果表明,两种方法监测成果的变化趋势呈现非常强的一致性,其微小的系统性差异是因为两类监测点位置不同。图6-7中监测数据的变化过程线,客观地反映了索塔在不同工况下变形情况,两条曲线显示趋势相同。

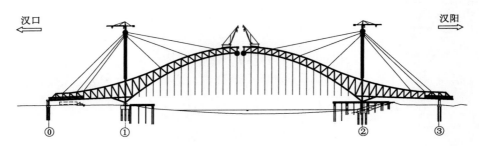

图6-6 GNSS监测点位布置示意图

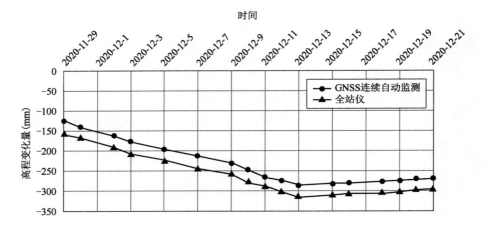

图6-7 GNSS连续自动监测与全站仪监测结果比较

GNSS连续自动监测装置现场安装如图6-8所示。

图6-8　GNSS连续自动监测装置现场安装照片

6.2.4　小结

GNSS连续自动监测技术在武汉汉江湾桥项目成功应用,且同时采取了全站仪监测与GNSS连续监测相结合的方法,其测量成果精度能够满足现场生产需求,监测成果有效、可靠。

结合GNSS连续自动监测和全站仪高精度监测的特点,二者在大型桥梁结构形态的长期连续、实时、动态和自动化监测中可以实现优势互补。这种综合应用不仅能够提高监测的精度和效率,还为桥梁结构的健康监测和安全评估提供了有力支持。随着技术的不断进步和应用场景的不断拓展,相信这种综合监测方法将在未来的桥梁监测领域发挥更加重要的作用。

第7章
3D打印技术在测量装备研发中的应用

在施工测量过程中,会面临种种不利的自然和施工环境因素,包括地形、气候和施工干扰等,对测量工作的质量和效率产生了显著影响。为克服这些困难,在不同的条件下,基于3D打印技术,研发了一系列测量工装。这些测量工装凭借独特的个性化设计,使其能满足传统方法难以应对的复杂环境下的测量任务需求,其工作思路也为解决桥梁施工测量难题开辟了新的途径。

7.1 一种可拆卸式全站仪棱镜磁力转接头

在桥梁变形监测工作中,为了保证测量数据能全面反映桥梁变形特点,需要在桥梁各部位设置大量监测点。传统监测点埋设棱镜转接头方法是在桥梁施工过程中预先埋设连接装置,施工完成后再安装棱镜进行监测。这种转接头有以下缺陷:在桥梁施工中,需要预先埋设转接头,前期工作量大,由于混凝土浇筑或其他施工影响,可留存的转接头较少,不利于监测工作的开展;由于是预先埋设转接头,监测点位置较为固定,但是现场环境复杂,在监测过程中,部分

第7章 3D打印技术在测量装备研发中的应用

点位容易被遮挡,不能完全反映桥梁变形状态。

为了解决现有技术中转接头需精准埋设的问题,利用3D打印技术,发明了一种由支撑架和棱镜安装件及角锥棱镜组成的微型磁力棱镜(图7-1)。该装置拆卸方便,观测角度可任意旋转,可采用强力胶将磁铁片粘贴在平整的构筑物表面的指定点位,再将磁力棱镜吸附在磁铁片上,形成磁吸子母扣,从而实现观测设备的精确安装。

图7-1 基于3D打印技术的微型磁力棱镜

该装置首次运用于武汉汉江湾桥项目。在出厂前预拼、现场杆件安装定位及主拱线形监测等各阶段,在钢桁拱节点上安装磁力棱镜,即可做到无人员接触、高精度、快速地测量节点坐标,统一了各阶段测量工作的定位基准。具体应用过程见5.2节。

7.2 一种用于大高差高程传递的磁力棱镜装置

目前,在桥梁等较高建筑物的施工过程中,大高差的高程一般采用差分三角高程测量,而高程基准点的传递可采用天顶测距法。这种情况下,基准点传递与使用时,棱镜的朝向是不同的,需要人工翻转,耗时费力,当高空作业不具备良好的操作空间时,还存在一定的安全隐患。常规棱镜作高程基准点如图7-2所示。

为此,研制了一种用于大高差高程传递的立方体棱镜,能够在施工过程中一次布设安装作为高程基准点,无须人员值守,安拆方便,测量高效。

立方体棱镜首次运用于武汉汉江湾桥项目。将立方体棱镜吸附在施工现场既有塔式起重机上,采用全站仪天顶测距法传递高程基准点,即测即用,克服了以塔式起重机作为竖向高程传递附着物时塔式起重机变形对基准点的影响,具体应用过程见5.2节。立方体棱镜现场安装如图7-3所示。

图7-2 常规棱镜作高程基准点

图7-3 立方体棱镜现场安装

7.3 一种钢箱拱桥主桁高程的测量装置

在大跨径钢拱桥的悬臂架设中,悬臂端观测距离远,采用全站仪三角高程法测量上下游主拱高程时,需要将测量仪器进行两次不同位置的架设,存在设站误差的影响,而远距离观测结果的离散性进一步增加了准确测量主拱上下游相对高差的难度;同时,悬臂端受外部环境及施工影响,处于不断变化的状态,难以通过长时间观测来提高精度。

为此,研制了一种静力水准装置(图7-4),可以准确测量主拱上下游相对高差。

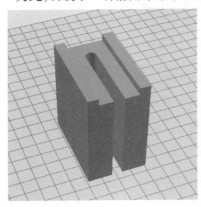
a)底托

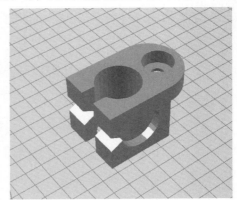
b)卡座

图7-4 3D打印的静力水准装置底托及卡座

其中,该装置的底托及卡座采用3D打印技术设计制造,与玻璃管、软管、水准器、磁铁片及7.1节中的微型磁力棱镜组成一套完整的静力水准装置。

该静力水准装置首次运用于武汉汉江湾桥项目,分别将两个静力水准装置吸附在上下游两侧的主桁杆件的特征点上,通过无人机牵引软管连通。具体应用过程见5.2节。

7.4 一种棱镜转接头及磁力支撑座

7.1节中的微型磁力棱镜在投入使用前,需要检定微型磁力棱镜的参数,并与常规棱镜进行对比;7.2节中的立方体棱镜,需要对两个面的棱镜相位中心进行同心验证。为此,研发了一种棱镜转接头装置,可以将微型磁力棱镜、立方体棱镜与常规棱镜的基座或对中杆转接配套使用(图7-5),用于上述自制棱镜装置的参数检定及对比验证。该装置在武汉汉江湾桥项目中得到应用,确保了自制棱镜的工作可靠性。

图7-5 转接头与自制棱镜配套连接

转接头用于自制棱镜参数检定如图7-6所示。

图7-6 转接头用于自制棱镜参数检定

7.5 锚固系统定位装置及其他

上述章节中已阐述了锚固系统定位技术及相应工装,工程实践中还会遇到杆状、管状、带孔耳板等各种结构样式,其结构轴线无法直接测量,因此,可以使用3D打印技术研制相关的定位辅助工装。

(1)一种用于工程测量的圆形杆件轴线测量装置。

秭归长江大桥拱座钢拉杆是截面为圆形的细长杆件,为此研发了一种用于工程测量的圆形杆件轴线测量装置。该装置由限位装置和连接装置组成(图7-7)。

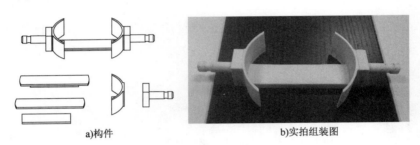

a)构件　　　　　　　　　　b)实拍组装图

图7-7　钢拉杆轴线分中装置3D打印分解图及实物图

通过全站仪观测安装在其上的两个对称的棱镜头,观测结果取两个棱镜头的算术平均值后得到准确的轴线端点坐标,无须人工手扶棱镜,减少了测量误差,提高了测量精度。该装置具体应用见4.3.3小节。

(2)一种索道管轴线的定位标记装置。

安九铁路鳊鱼洲长江大桥北汊航道桥主梁采用牵索挂篮施工工艺,在施工过程中主梁索道管先穿索后定位,轴线被斜拉索占用。使用3D打印技术,研发了一种可以安装在索道管侧壁的定位标记装置,与7.1节中的微型磁力棱镜配套使用,间接测量索道管出口处轴线。

索道管轴线定位标记装置及其在安九铁路鳊鱼洲长江大桥上的应用如图7-8、图7-9所示。

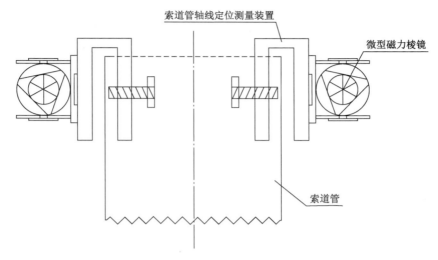

图7-8　索道管轴线定位标记装置

图7-9　索道管轴线定位标记装置用于安九铁路鳊鱼洲长江大桥

（3）一种桥梁吊耳轴心测量装置。

太原大运路潇河大桥主桥为65m+110m+110m+65m空间纽带系杆拱桥，主拱为异形曲面钢箱结构，主梁为钢箱梁，吊索梁端锚固系统为耳板结构。针对该结构，采用3D打印技术，研发了一种安装在吊耳上的轴心测量装置（图7-10、图7-11），通过该装置直接测量吊耳中心。实际应用中，可根据实际情况设计合适的尺寸，还可选择棱镜或反射片构件进行3D打印，并可配置相应的接长装置，便于操作。

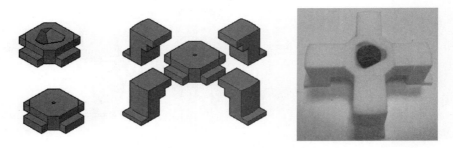

图7-10 3D打印的吊耳轴心测量装置

吊耳轴心测量装置现场应用如图7-12所示。

图7-11 吊耳轴心测量装置及其接长杆

图7-12 吊耳轴心测量装置现场应用

第8章

总结及展望

仪器、软件、工装的革新和应用,不断推动大跨径桥梁测控技术的发展,但具体到大跨径钢桁拱桥施工测控中仍有一些难题需进一步研究和创新突破。各位编委结合近10年来在大跨径钢桁拱桥施工测控中的经验积累,围绕高精度桥梁控制网的实施、远距离高精度无接触测量、异形结构物的测控、不良自然环境及施工干扰下的测控等工作中的测量安全、精度、效率及可行性问题,不断研究和探索,总结出一套较为先进的工作方法和创新成果。

相关成果获得发明专利授权6项、实用新型授权11项,2项工法经中国中铁股份有限公司评审认定通过,1项工法经中国公路建设行业协会评审认定通过,有省部级及以上QC成果8项、中国施工企业管理协会微创新成果2项。相关成果中,1项获评湖北省测绘科技进步一等奖,1项获评中国中铁股份有限公司实用技术一等奖。

大跨径钢桁拱桥建造的测控技术,本质上就是将设计意图及设计图纸,将理论上、数字化的构筑物,准确地映射到地球表面,然后遵循科学有效的施工工艺逐步完成构筑物在地球表面的构建。整个过程始终离不开测量数据的采集与分析,而对其设备及方法先进性的探索,也是工程建造技术的重要研究方向。

我国大跨径钢桁拱桥建设领域正在积极努力地将各种前沿技术融合到

本领域发展中,将各类先进的技术成果转化应用于大跨径钢桁拱桥建造的工程实践,我们可以对其中的测控技术做进一步的展望和分析。

(1)智能化数据采集与反馈的进阶应用。

无人机与传感器的结合与应用:当前对于桥梁结构的变形,往往以传统方式采集目标部分特征点的变形来推算其整体变形情况,将来有希望通过无人机结合各种传感器(红外、激光雷达等)实现全覆盖式的点云数据采集和实时分析,实现对大跨径桥梁线形的精准测控。

实时监测与即时反馈:进一步的海量数据采集需要强大的数据分析及处理能力,可以通过云计算结合边缘计算技术,实现对桥梁状态的实时监测和预警。

(2)数据分析的深度应用。

机器学习与预测性测控:利用机器学习算法深度学习和分析海量同类型桥梁线形数据,对单个项目当前已完成结构的线形数据进行深度学习和分析,实现识别当前的问题、准确预测未来线形发展趋势的能力,实现大跨径桥梁施工线形的预测性测控。

数字孪生与高级模拟:对于复杂大跨径桥梁,在海量数据的基础上,可以构建数字孪生模型,能够持续更新实体的状态,进行更复杂的模拟分析,辅助大跨径桥梁主体结构施工的预测、优化和决策支持。

(3)智能建造与运维一体化。

桥梁在建造阶段,智能传感器和人工智能可以用于监控施工质量,确保结构的稳定性和安全性。在运维阶段,利用建造阶段的数据平台和传感设备,实现建造和运维阶段的数据共享与分析应用,有助于从全生命周期角度优化桥梁的性能和维护策略。实现智能建造与运维一体化,是桥梁建设和管理相统一的发展趋势。

(4)技术融合与创新。

3D打印技术为大跨径桥梁测控工装提供了个性化的设计与制造,无人机及传感器代替了人工接触式测量,信息化监测平台实现了桥梁监测数据的收集、分析、预警及可视化的整合。结构工程、材料科学、信息技术等多学科与桥梁建造和测控技术的融合,将推动大跨径桥梁测控技术不断发展和持续创新。

  随着桥梁设计和建造向更大跨径、更轻、更坚固、更耐久、更智能的方向发展,桥梁不再仅仅是连接通道,更是展现人类智慧和科技力量的标志性建筑,这也给桥梁测控技术的持续进步带来了更多的机遇和挑战。

参 考 文 献

[1] 刘基余,李征航,王跃虎,等.全球定位系统原理及其应用[M].北京:测绘出版社,1993.

[2] 武汉测绘学院大地测量系《测量平差基础》编写组.测量平差基础[M].北京:测绘出版社,1978.

[3] 於宗俦,陶本藻,刘大杰,等.平差模型误差理论及其应用论文集[M].北京:测绘出版社,1993.

[4] 程效军,鲍峰,顾孝烈.测量学[M].5版.上海:同济大学出版社,2016.

[5] 中国人民解放军总装备部军事训练教材编辑工作委员会.光电测量[M].北京:国防工业出版社,2002.

[6] 张坤宜.光电测距[M].长沙:中南工业大学出版社,1991.

[7] 顾安邦,张永水.桥梁施工监测与控制[M].北京:机械工业出版社,2005.

[8] 中华人民共和国交通部.公路勘测规范:JTG C10—2007[S].北京:人民交通出版社,2007.

[9] 中华人民共和国住房和城乡建设部.工程测量标准:GB 50026—2020[S].北京:中国计划出版社,2020.

[10] 国家铁路局.铁路工程测量规范:TB 10101—2018[S].北京:中国铁道出版社有限公司,2019.

[11] 全国起重机械标准化技术委员会.塔式起重机 安装、拆卸与爬升规则:GB/T 26471—2023[S].北京:中国标准出版社,2023.

[12] 全国地理信息标准化技术委员会.国家一、二等水准测量规范:GB/T 12897—2006[S].北京:中国标准出版社,2006.

[13] 全国地理信息标准化技术委员会.国家三、四等水准测量规范:GB/T 12898—2009[S].北京:中国标准出版社,2009.

[14] 中华人民共和国住房和城乡建设部.建筑变形测量规范:JGJ 8—2016[S].北京:中国建筑工业出版社,2016.

[15] 全国地理信息标准化技术委员会. 中、短程光电测距规范:GB/T 16818—2008[S]. 北京:中国标准出版社,2011.

[16] 中华人民共和国住房和城乡建设部. 高层民用建筑钢结构技术规程:JGJ 99—2015[S]. 北京:中国建筑工业出版社,2016.

[17] 陈然. 数字化水下地形测量技术应用研究[D]. 昆明:昆明理工大学,2009.

[18] 杨保岑. 大跨桥梁施工期结构形态监测系统的实现与应用研究[D]. 武汉:武汉大学,2010.

[19] 余加勇. 基于GNSS和RTS技术的桥梁结构动态变形监测研究[D]. 长沙:湖南大学,2015.

[20] 王春博. 基坑变形超站仪监测技术研究[D]. 北京:北京林业大学,2012.

[21] 彭文杰. 基于稀疏网的PPP-RTK理论与应用[D]. 武汉:武汉大学,2017.

[22] 于立国,毛继军. GPS技术在高等级城市控制网中的应用[J]. 测绘通报,2005(9):26-28.

[23] 魏垂场. 用免仪高、目标高同时对向三角高程观测法替代二、三等水准测量的研究[J]. 水利与建筑工程学报,2008(3):85-87.

[24] 张智韬,黄兆铭,杨江涛. 全站仪三角高程测量方法及精度分析[J]. 西北农林科技大学学报(自然科学版),2008(9):229-234.

[25] 杨恒山. 基于先验与验后单位权中误差一致的控制网平差计算[J]. 湖南理工学院学报(自然科学版),2008(2):71-73,77.

[26] 李宗春,李广云,范生宏,等. 全站仪近距离测距精度检验方法的探讨[J]. 测绘信息与工程,2002(4):37-39.

[27] 詹建辉,张铭,张家元. 宜昌香溪长江公路大桥主桥设计[J]. 桥梁建设,2017,47(3):7-12.

[28] 俞建康,蒋惠新. 长线路测量坐标系建立与GPS的应用[J]. 现代测绘,2011,34(3):34-36.

[29] 焦晨晨,李松林,张晓平,等. 高斯投影变形优化[J]. 测绘科学,2022,47

(2):39-46,94.

[30] 陈峰. 安九铁路九江长江特大桥测量控制网方案研究[J]. 铁道勘察, 2019,45(1):13-17.

[31] 李斌,金利军,洪佳,等. 三维成像声纳技术在水下结构探测中的应用[J]. 水资源与水工程学报,2015,26(3):184-188,192.

[32] 李鹏飞,吉同元,汤子璇,等. 涉水工程水下结构检测现状分析及展望[J]. 中国水运(下半月),2017,17(5):301-302.

[33] 徐伟,王恒,李少骏. 常泰长江大桥专用航道桥设计[J]. 桥梁建设,2020, 50(6):85-90.

[34] 康飞,陈传勇,曾勇,等. 深水桥梁双壁钢吊箱围堰分布式网络化智能监测方法及应用[J]. 施工技术(中英文),2023,52(6):37-41.

[35] 刘博,蒋本俊,雷美清. 武汉二七长江大桥钢板桩围堰水下封底技术[J]. 土工基础,2010,24(5):14-16,26.

[36] 邓融. 全站仪三维坐标测量精度一致性的分析[J]. 北京测绘,1996(4):20-23.

[37] 许鑫,蒋本俊,陈开桥. 秭归长江公路大桥主桥施工关键技术[J]. 世界桥梁,2023,51(S1):55-62.

[38] 刘强,董强,王瑛,等. 单塔空间索面自锚式悬索桥缆索系统安装的测量控制[J]. 桥梁建设,2008,38(5):60-63.

[39] 杨敏. 单向三角高程测量在大坝变形监测中的应用[J]. 地理空间信息,2016, 14(1):97-98,6.

[40] 罗涛,董岚,王铜,等. 三角高程测量及对向观测法的回归分析[J]. 测绘工程,2012,21(6):13-15,21.

[41] 任东风,马超. 全站仪三角高程测量方法与精度分析[J]. 测绘与空间地理信息,2017,24(1):13-17.

[42] 吴迪军,李剑坤,何广源. 三角高程法超长距离跨海高程传递实验研究[J]. 测绘科学,2017,40(12):195-200.

[43] 赵珞成,聂金华,张强. 无反射镜测距的目标特性研究[J]. 测绘信息与工

程,2005(5):33-35.

[44] 翟东升,伏红林,何少辉,等. 漫反射激光测距特性研究[J]. 天文研究与技术,2009,6(1):13-19.

[45] 李施展. 3D打印技术在香溪长江大桥施工测量中的应用[J]. 测绘通报,2021(S2):121-124.

[46] 张记磊. 免棱镜全站仪实测精度分析[J]. 山西建筑,2014,40(26):214-216.

[47] 孙晓辉,庞学勇,杨培琴. 全站仪悬高测量的改进方法[J]. 测绘与空间地理信息,2012,35(1):201-202.

[48] 潘益民,黄曼,杜素云. 全站仪悬高测量存在的问题及改进方法[J]. 测绘与空间地理信息,2010,33(1):46-47,51.

[49] 肖根旺,许提多,周文健,等. 高精度三角高程测量的严密公式[J]. 测绘通报,2004(10):15-17,45.

[50] 蒋利龙,易又庆. 精密水准折光改正模型研究[J]. 测绘科学,2005(5):40-42,4.

[51] 杜操,陈俊明. 秭归长江大桥缆索吊机缆索垂度测量关键技术[J]. 测绘通报,2021(S2):125-129.

[52] 韩国卿,桂朋,杜操,等. 异形钢塔拼装测量方法的研究[J]. 地理空间信息,2021,19(2):71-73,102,7.

[53] 李红征,薛志清. 贵广铁路大跨度钢桁拱桥施工方法[J]. 铁道建筑,2010(6):49-51.

[54] 张春新,刘代兴. 钢桁拱桥精确合龙施工技术[J]. 铁道建筑,2010(1):82-83.

[55] 孙玉祥,汪存书,蔡新民. 预偏补偿悬臂端位移在钢桁架拱桥跨中无应力合拢施工中的应用[J]. 水运工程,2010(1):117-121.

[56] 林世发,杨学军. 武汉天兴洲公铁两用长江大桥钢梁散拼节段与整节段匹配测量技术[J]. 桥梁建设,2008(2):1-4.

[57] 张海华,刘宏刚,甘一鸣. 基于BIM技术的桥梁可视化施工应用研究[J].

公路,2016,61(9):155-161.

[58] 蒋本俊,刘生奇,胡帆.武汉汉江湾桥连续钢桁拱架设关键技术[J].桥梁建设,2022,52(1):9-17.

[59] 刘洋.钢桁梁桥焊接整体节点杆件制造技术探究与实践[C]//中国中铁山桥集团有限公司.《工业建筑》2016年增刊Ⅱ.北京:《工业建筑》杂志社,2016:383-386.

[60] 王天亮,王邦楣,潘东发.芜湖长江大桥钢梁整体节点疲劳试验研究[J].中国铁道科学,2001(5):96-100.

[61] 刘经南,叶世榕.GPS非差相位精密单点定位技术探讨[J].武汉大学学报(信息科学版),2002,27(3):234-240.

[62] 王希清.BDS改进GPS RTK精度分析[J].矿山测量,2015(5):14-16.

[63] 胡在凰,杨崇,温浩.CORS支持下的GNSS高程测量精度实证研究与加密改善效果模拟评估[J].测绘通报,2022(S2):63-67,76.

[64] 杨占峰,韩玉.吊扣合一高塔架与塔顶位移主动控制技术应用[J].公路,2020,65(4):171-175.

[65] 李宏男,伊廷华,王国新.GPS在结构健康监测中的研究与应用进展[J].自然灾害学报,2004(6):122-130.

[66] 景琦.测量机器人的ATR测量重复性试验新技术[J].新技术新工艺,2015(12):74-77.

[67] 覃泽颖,黄鹰,李保,等.徕卡TS30全站仪测量精度测试与分析[J].地理空间信息,2015,13(2):145-146,14.

[68] 杜操,窦雪飞,李施展.江汉七桥三跨连续钢箱系杆拱施工定位关键技术[J].中国水运,2022(2):149-153.

[69] 徐卫国,王晓华,管宏才.全站仪的发展史及其性能特征[J].地理空间信息,2010,8(1):148-150.

[70] 张彦武,杜操,韩国卿,等.一种围堰封底倾斜度的测量方法及测量装置[P].201910933986.0,2022-02-08.

[71] 赵荣,陈杰,杜操,等.一种砼梁索道管定位测量支架[P].201921508389.5,2020-08-14.

[72] 李施展,杜操,韩国卿,等.一种用于工程测量的圆形杆件轴线测量装置[P].201820643629.1,2018-11-20.

[73] 粟亮,韩国卿,方俊,等.一种索导管定位测量夹具[P].201922107854.0,2020-07-21.

[74] 韩国卿,杜操,高国福,等.一种索导管姿态测量装置[P].201820589220.6,2018-11-20.

[75] 曹明明,黄清,陶路,等.一种用于斜拉桥塔柱索导管精确定位的钢内模[P].201420155128.0,2024-05-13.

[76] 殷俊华,刘生奇,胡帆,等.一种架设主桁的焊接式下弦杆的定位装置[P].202022365358.8,2021-08-10.

[77] 李施展,李勇波,吴桐,等.一种可拆卸式全站仪棱镜磁力转接头[P].201921572708.9,2020-08-14.

[78] 窦雪飞,李施展,杜操,等.一种钢箱桁拱桥安装定位及监测一体化的施工方法[P].202011218829.0,2022-07-08.